実録 白鳥事件

「五一年綱領」に殉じた男たち

柳原滋雄
YANAGIHARA Shigeo

論創社

実録・白鳥事件――「五一年綱領」に殉じた男たち　目次

実録・白鳥事件――「五一年綱領」に殉じた男たち

プロローグ　再審ラッシュを生んだ白鳥決定

この国の法曹で「白鳥決定」を知らない者はいない。

日本の刑事司法では長いこと、間違った判断が明らかになってもそれを訂正しない悪習がまかり通ってきた。

ところが一九七〇年代半ばからの一時期、確定死刑囚の一部で次々と再審が認められ、無罪になって生還する例が相次いだ。そうした元死刑囚はこれまで四人にのぼる（二〇二三年一〇月時点）。

再審開始が続いた八〇年代を法曹関係者は〝再審の雪解け時代〟と形容する。

風が吹けば桶屋《おけや》がもうかる式でいえば、再審ラッシュは社会主義への幻想がもたらした奇跡だった。「白鳥決定」の元となる白鳥事件は、社会主義の理想を信じた当時の日本共産党員によって引き起こされた犯行だったからだ。

村上国治《むらかみくにじ》（元日本共産党札幌委員長）が被告人となった裁判は有罪となって確定したが、再審開始を求める別の裁判（特別抗告審）で出された七五年の最高裁決定、つまり「白鳥決定」が再審ラッシュの引き金となった。

白鳥決定は「疑わしきは被告人の利益に」との刑事裁判の原則を、再審にも適用すべきと判示したものだ。しかし、決定の元となった事件は、残念ながら冤罪《えんざい》ではなかった。

繰り返しになるが、白鳥事件の動機は「革命の理想」にこそあった。社会主義への幻想が再審ラッシュを生んだというのはそうした経緯からだ。

本書の主題となる「白鳥警部射殺事件」をめぐり、殺人罪の共謀共同正犯で起訴された村上国治は、最高裁で懲役二〇年の有罪が確定する。その後の再審請求審において出された「白鳥決定」が〝開かずの扉〟といわれた再審の扉を押し開き、一時的な「再審ラッシュ」の時代をもたらした。

一九七六年には真犯人が判明した弘前《ひろさき》大学教授夫人殺人事件で、仙台高裁が再審開始を決定。翌年、再審公判で最初の無罪判決が確定する。

つづいて最高裁が財田川《さいたがわ》事件を高松地裁に差し戻す「財田川決定」を行い、確定死刑囚の再審への道が開かれた。

一九七九年に財田川事件、免田《めんだ》事件、松山事件の三件の確定死刑囚の再審開始が決定された。

一九八三年熊本地裁八代《やつしろ》支部の再審無罪判決で三四年ぶりに自由社会に押し出された免田栄は「皆さんのおかげで自由社会に帰ってきました」と有名な第一声を放った。その免田を筆頭に、財田川事件の谷口繁義も翌年、三四年ぶりに釈放された。同じ年、松山事件の斎藤幸夫《さいとうゆきお》も、仙台で無罪判決を得て、二八年ぶりに解放される。

三人は〝死刑台からの生還〟と喧伝された。

一九八九年には、島田事件の確定死刑囚だった赤堀政夫《あかほりまさお》の再審無罪が静岡地裁で確定した。免田・財田川・松山・島田事件の各死刑囚の社会復帰は、「白鳥決定」によってその流れがつくられた。一般にこれらの事件を「冤罪死刑囚四大事件」と呼ぶ。

その後も多くの冤罪が罪なき罪を免れ、無罪となった。その数は一八件ともいわれる。

だが、繰り返すが、「白鳥決定」の元となった白鳥事件は冤罪ではなかった。

主犯格の村上国治は冤罪を主張、完全黙秘を貫いて一通の調書も作らせなかったが、実際は殺人事件の主謀者であり、支援者を欺き続けた〝二重の犯罪〟にほかならなかった。

その事実は、犯行に関わった元党員らが刑事裁判の中で重要な証言を一貫して維持したことで裏づけられた。さらに逃亡先の中国から関係者が次々と帰国し、一部が具体的な証言を行ったことで補強された。加えて、村上が関係者の国外逃亡を要求した極秘伝言メモが当局に押収され、有罪の決め手となった。

その後司法は再び〝反動の時代〟に入る。およそ三〇年以上〝せめぎ合い〟といわれる時代が続いた。

二〇二三年一〇月、確定死刑囚として五件目となる袴田《はかまた》事件（袴田巖《いわお》）の再審公判が開始された。

繰り返すが、頑なだった司法に「風穴」をあけるきっかけとなった大元の白鳥事件は、〝冤罪を装った殺人事件〟にすぎなかった。

「白鳥警部射殺事件」から七〇年以上が経過し、「白鳥決定」から半世紀を迎えようとする段階で出される本書は、この事件の最終的な総括の書となる。

柳原　滋雄

第一章　開拓移民の倅《せがれ》

雪に埋まった弘誓寺《ぐせいじ》（2022年2月撮影）

1　社会主義の申し子

北海道第二の都市として発展する旭川。その北側に隣接する比布町《ぴっぷ》は、アイヌ語のピプまたはピピから命名されたといわれる。もともと「沼の多いところ」「石の多いところ」を意味した。

ＪＲ旭川駅から比布駅まで、一両編成のローカル列車で二〇分ほど。途中、石狩川を渡るが、昔は川底に石が多かったと伝えられる。現在の比布駅は車掌も常駐しない小さな駅だ。

上川《かみかわ》盆地の北方に位置する比布原野に、開拓民が初めて入ったのは一八九四（明治二七）年。高知県人の中城馬造が最初といわれ、翌年（一八九五年）にかけ、滋賀、香川、愛媛から各団体が入植した。

比布町の前身である旧比布村は、一九〇六（明治三九）年、六一一戸、約三〇〇〇人で旧鷹栖《たかす》村から分村してできた。地図では「ピップ」「比布」「必富」「秘富」「必布」などさまざまに記載されてきたが、「比布」が最も多かったため、この記載に落ち着いたという。

一九八〇年、比布駅は「ピップエレキバン」という磁気健康器具のテレビＣＭの撮影現場となり、一躍、「全国区」となった。読み方が同じ「ピップ」だったからだが、高齢男性の会長が女優の樹木希林《ききききりん》と珍妙な掛け合いを行い、話題にのぼった。

白鳥事件の首謀者となる村上国治《くにじ》は、一九二三年一二月、この比布村で出生した。

七歳年上の姉・長岡千代の手記によると、国治は「村はずれにある弘誓寺《ぐせいじ》の門前の家で産声《うぶごえ》をあげた」（『国治よ 母と姉の心の叫び』）。

弘誓寺は比布駅から徒歩一〇分ほどの場所に今も残る浄土真宗の古刹だ。

徴兵制が存在した時代、男子は二〇歳になると兵役検査を義務づけられる。当時は一二月に男子が生まれると、兵役を少しでも遅らせようと出生届を翌年回しにすることが多かった。

村上国治も例にもれず、実際は一二月二〇日生まれだが、戸籍上は翌年（二三年）一月五日生まれとなった。

当時〝女系一族〟といわれた村上家にとって、初の男児誕生は快挙といえる出来事だった。徳島県出身の父・村上重男は、国治の命名について次のように語ったと伝えられる。

「村の上に立って国を治める。良い名ではないか」

母親の村上セイは、愛媛県出身で一九一三（大正二）年、開拓移民として北海道に渡ってきた。

セイの生涯は順風とはいえなかった。一三歳年上の夫に嫁ぎ、その伴侶に先立たれた。国治は二人目の夫（重男）との間に生まれた最初の子どもだった。国治の上には年の離れた四人の姉がいる。

上から順にフユノ、マキ、キヌエ、千代。長女のフユノが最初の夫の連れ子で、あとの三人は自分で産んだ子どもだった。

「村上」は四国出身だった一人目の夫の姓で、村上水軍の末裔《まつえい》との言い伝えが残る。男のいない村上家は周りから「おんな村上」と陰口を叩かれた。

開拓移民の例にもれず、非常に貧しかった。それでも一家で助け合い、国治は順調に成長する。思いやりがあって、行動力のある青年に育っていった。

村上国治が生まれて一〇日後、はるかロシアの地ではソビエト社会主義共和国連邦が樹立される。一九一七年、世界最初の社会主義革命が成功したロシアで、地球上で第一号となる社会主義国が建国された瞬間だった。旧ソ連は世界の社会主義諸国の〃盟主〃として、九一年までの六九年間存在したが、村上の人生はその年月と軌を一にする。

村上が生まれる五カ月前、東京で日本共産党（コミンテルン日本支部）が創立された。一九二二年七月一五日が同党の創立記念日とされる。

ソ連邦の成立と日本共産党の誕生――。

同じ年に開拓移民の倅《せがれ》として北の果てに生まれた村上国治は、二重の意味で〃社会主義の申し子〃といえた。

仮に五〇年後、一〇〇年後の世界に生きていたら、彼の人生はまったく違ったものになっていただろう。共産主義が夢のある〃理想の楽園〃をつくる手段として、まだ頑《かたく》なに信じられていた時代である。

2　貧農としての宿命

村上は六歳になった年の春、地元の比布尋常高等小学校に入学した。尋常科に六年、高等科に二年通っている。

千代の手記によると、村上国治は「友人たちに好かれる性格を持ちあわせ」「学校の成績もよく、級長、副級長をいつもしてい」るタイプの子どもだった。勉強のできるクラスメイトはほかにもいたらしいが、クラスの選挙になるといつも国治が選ばれたという。

「学校に行くようになっても父の胡坐《あぐら》の上で食事をしていました」とあるから、国治は父親から「目の中に入れても痛くないほどのかわいがりよう」で育てられた。

一般的には甘やかされた子どもはわがままに育ちがちだが、彼の場合は違った。家庭の貧困が、彼を正常な道に導いたようにも見える。

貧しさゆえいつも古い服を着ていた国治を見かね、あるとき母親が家計をやりくりして洋服を買ってあげたことがあったという。だが本人は着ようとしなかった。姉が問いただすとこう答えた。

「あんなに働いて買ってくれなくてもいい。ボロ服でもなんとも思わない。今、勧められるままに新しい服を着れば、また今度無理して買ってくれるにちがいない」（『母と姉の心の叫び』）

このころから、親思いの性格だった。気配りのできる少年としての片鱗《へんりん》をうかがわせる。彼にとって幼少期の苦労は、人の気持ちを察する人間形成の土台となった。小学生で母親の行商を手伝いに出た際、次のエピソードがうまれた。

「正月の小遣い銭かせぎに、豆腐、油揚げ、こんにゃく、天ぷらなどを仕入れて売りに行ったことがあります。馬橇《ばそり》に品物を積み、慣れぬ馬追いをして売り歩きました。行く先がたまたま友だちの家だったりした時は、『恥ずかしくてたまらなかった』と言いました」（『母と姉の心の叫び』）

たいていの家は小さな子どもの姿に同情して何か買ってくれたという。その日の帰り道、馬そりの上で手綱《たづな》をとりながら、親子の間で次のやりとりが交わされた。

「『おれ、中学校へやってくれんだろうか』と、今かんがえてみればだいそれたことを、それでもとおまわしに、あなたに話しかけました」（『ふるさとの母へ』）

残念なことに、このときの国治の向学心は叶えられなかった。家に経済的な余裕がなく、中学受験はかなわなかったからだ。通うとすれば旭川中学だった。

一九三七年、一四歳で小学校の高等科を卒業すると、担任教諭はあらためて中学校への進学を勧めてくれた。千代はこう書き残している。

「唯一男手の働き手である父は友人の高利の借金の保証人を引き受け、家田畑を手放すことになった挙げ句、この六年間ずっと病に倒れ寝たきりの生活になっていました」（『母と姉の心の叫び』）

千代もそのころ隣町の旭川に勤めに出ていた。

このころの村上家の稼ぎは、母親のセイと千代の五つ年上の姉キヌエの肩にかかっていた。「借金に苦しめられていて、それどころではなかった」（山田清三郎《せいざぶろう》『ばあちゃん』）と後年、セイは振り返っている。

千代が「何とかなるだろうから工業学校へ入ったらどうか」と国治に勧めてみたものの、本人は「姉さんの世話にはならない」ときっぱり断った。

病気で働けない父親に代わり母や姉たちが苦労している姿をまじかに見ながら、自分だけ学費を出してもらうわけにはいかないと考えたようだ。

小学校の担任の紹介で比布農協の給仕《きゅうじ》の仕事を得たものの、肌が合わないのかすぐに辞めている。さらに南雲牧場で働いたが、これも続かずに家に舞い戻った。その後、旭川に本社がある木材会社で、労働者としての職を得る。

北海道にある炭鉱に「坑木《こうぼく》」を納めるための会社で、山に分け入り、木を伐採・切断する仕事だった。山中での肉体労働は、夏は蚊やブヨに悩まされ、冬は零下三〇度の寒気と雪とに邪魔された。山田清三郎は次のように書いている。

「日本の石炭総産額の半ばを産出する北海道の炭鉱では、年間に何億本という、大小さまざまの坑木を使います。そしてそれはおもに落葉松《からまつ》を用いていました」(『ばあちゃん』)

「国治は、その山から山を、生まれながらの山男のような荒らくれ男の群れにまじって、働きにわたり歩いたのです。鋸《のこぎり》、斧《おの》、鉋《かんな》などの七つ道具から、ふとん、炊事用具にいたる重い荷を負い、山から山、飯場《はんば》から飯場へと、〝渡り鳥〟とよばれるその群れにまじって」(同)

国治が過酷な仕事を始めた三七年、日中戦争が始まった。働き盛りの男子が多く徴兵された。国治が労働力として必要とされる社会的条件が生まれていた。

「〝事変〟の軍需で、石炭の増産がさけばれていた。夕張《ゆうばり》、美唄《びばい》、砂川、赤平《あかびら》、芦別《あしべつ》など空知《そらち》の各炭鉱をはじめ、北海道の各炭鉱もそのかけ声にかりたてられ、坑木の需要も激増していた。いっぽう、その労働力は戦争に割《さ》かれなければならなかった。国治はまだ一五才だったが、それに目をつけた」(『小説白鳥事件②』)

長岡千代は次のように描写する。

「坑木伐採は、切り口の直径によって長さの寸法が細かく厳重に定められており、少しでも規定と違うとボツになり、会社の損失として担当した伐採者の賃金から弁償、差し引かれることになっていました。国治は慣れるまで弁償ばかりでロクに賃金をもらえなかったようですが、努力して要領を覚えて、木を見ればすぐに寸法の判断ができ、鋸の目立てなども初めはまったくできなかったが、教えてもらうと手際よくできるようになったそうです」(『母と姉の心の叫び』)

一七歳になると、国治は熟練の木こりより多くの賃金を得るようになった。出来高払いのシステムだったので勤続年数は関係なかった。

働きぶりを評価された国治は、会社から社員として監督の仕事をしないかと勧められたというが、固辞している。社員になれば月給制のため賃金は安定するものの、出来高払いの現場労働ほどには稼げなかった。
村上国治は山林での肉体労働を、一五歳から一八歳まで三年近くも続けた。後年、網走《あばしり》刑務所に服役した村上は、このころを回想して次のような詩を書いている。

網走の夏に

臨時に薪《まき》積み仕事をした

みずみずしい原木のにおいが
少年の頃をおもいださせる

ぼくは手ぶくろをぬいだ
つかんで、そろえて、積み上げる
つかんで、そろえて、積み上げる

「トド松」のやにが

手のひらいっぱいにくっついた
もう二〇数年にもなるだろうか
そう、この手のひらのように
松やにだらけになって
山から山へ渡り歩いて
働いたのは。

いま、頭は白髪にされてしまったが
心は、あの少年のころでありたい！

（『網走獄中記』一九六四年七月二〇日の項）

3　東京の無線学校へ

遊びたい盛りを休まずに働き続け、国治は一〇〇〇〇円の貯金をつくって家に戻った。母親の眼前で二通の預金通帳を開いてこう告げたという。

「この通帳はこれまで働いた金を貯《た》めたものなんだ。一冊は母ちゃんが自由に、生活のたしに使ってください。もう一冊は、俺が今月いくら送ってくれと手紙を出すから、その額をおろして送ってほしいんだ」

話を聞くと、東京に出て無線学校に通うつもりだと告げる。卒業して捕鯨船《ほげいせん》に乗り込みたいとも説明した。捕鯨船の乗組員の給料は高いからと付け加えた。

「船に乗ったら、母ちゃんたちを暖かいところで暮らさせてやれるよ。母ちゃんの故郷・四国に近いところだっていいさ……」

息子がそう語るさまを見ながら、母親は嬉しくなった。だがもう一通の通帳をなぜ持って行かないのか不思議に思って尋ねてみると、次の返事が返ってきた。

「寮に入ると、いろいろな人がいますよね。同室の人に通帳持っているのを知られて、貸してくれと言われたら貸さないわけにはいかないからなー。だから持っていかないんだ」

千代はわずか二、三年で弟が精神的にも肉体的にも大きく成長した姿を見て嬉しかったと記している。

国治が上京し、東京の無線学校に入ったのは一九四一年春のことだった。

飯田橋近くの下宿から、学校のある中野まで省線電車で通ったという。一九三三（昭和八）年、中野区江古田《えこた》に設立された「中野高等無線電信学校」（現在の国際短期大学）である。『国際学園六十年史』に次の記載がある。

「中野高等無線電信学校は、当時、民間での無線通信士・無線技術士を養成する学校として施設設備の充実とその規模は全国唯一の学校であり、官立目黒無線電信講習所（現、電気通信大学）と共に極めて画期的な教育を行って参りました」

時代の先端ともいえる無線通信の資格をめざし、年ごとに学生が増えていた。職員も増加の一途をたどった。学生の出身地は全国に及び、寮の拡充が急務となった。開校四年目までに建設された寮は七つを数え、最盛期は一一寮に一二〇〇人の学生を収容した。一九四〇年時点で、在校生徒四〇〇〇人近くを抱えるマンモス校となっていた。軍部からの求人も頻繁に寄せられた。

村上セイの主治医だった藤井敬三《ふじいけいぞう》の著作によると、国治はこの時期、「学費のいらない」コースを受講したという（『かたくりの花』）。

私が入手した一九四〇年一〇月入学志願者用の「中野高等無線電信学校入学案内」によると、当時の修業コースは「本科」「普通部」「予科」の三コースに分かれ、学費も異なっていた。

授業料は三カ月分の前納制で、一年目は寄宿舎（寮）での共同生活を義務づけられた（自宅通いを除く）。そのため、入学金と三ヵ月分の授業料、毎月の寄宿舎代などで月平均で三六円以上の経費がかかった。入学時期は四月と一〇月の二回あった。

予科一年の対象者は尋常小学校卒、予科二年が中学二年修了または高等小学校卒を対象としたので、高等科卒の国治は予科二年から入学した可能性が高い。

「予科」を修了すると「本科」に進むシステムとなっていたが、「予科」修了だけでも無線通信士三級の資格を得られたため、「予科」からの就職も可能だった。

入学案内の「注意事項」によると、卒業生の就職先は陸軍、海軍、満州、海運会社、電気会社など、当時の無線通信を必要とするすべての業種に及んでいた。

山田清三郎の著作によると、村上国治は入学から八カ月後、陸軍航空本部に秘密裡に徴用され、浜松編成の第一航空路連隊に配属、中国の広東《かんとん》飛行場に送られている。東京生活はわずか半年ほどで終わったことになる。

村上は正規の「本科」ではなく、軍部求人を当て込んだ「予科」コースを選んだ可能性が高い。

山田はこのころの村上家の様子を次のように記している。


「浜松にある陸軍第一航空路連隊から、国治の戦時軍属給として、毎月五〇円ずつ送られてきた。これで国治が軍属に徴用されて、無事でいることの消息はわかったが、本人からの音沙汰のないのが不安だった」(『小説白鳥事件②』)

千代の手記によると、国治が二〇歳になる手前、無線学校で学んだ時代に成績優良者が一〇人ほど選抜され、埼玉県所沢の陸軍航空隊に動員されたという。山田は「浜松」という異なる場所を記載しているが、訓練を受け、中国の広東省に派遣された点は同じだ。

この間、国治は実家と音信不通の状態となり、北海道の家族たちが心配したという。連絡のとれない期間が二年ほどつづいた。

4　戦争体験からの目覚め

国治は「広東では、毎日レシーバーで中国側の宣撫活動の逐一を耳にしてい」た。
千代は次のように綴っている。
「『親愛なる日本のみなさん』という呼びかけで始まる中国側の情報は、これまで自分たちにはまったく知らされていなかった、日本軍の実情や資本主義や天皇制がかかえる諸問題を説き明かしていました。国治は、その呼びかけと説明が、大いに腑《ふ》に落ち共感を覚えたということです。とりわけ『政治のありようによって貧しさから脱却できる。貧しい者たちこそ政治を動かす力を持たなければならない』という呼びかけは、何度も何度も受けるたびに日毎《ごと》に確信へと国治の中で定着していきました」（『母と姉の心の叫び』）
「やがて国治が属する部隊はニューギニアに転進することになり、広東をあとにしてフィリピンのマニラに上陸しました。この地で状況にらみのためか一時駐留している間に、国治はマラリアに感染し、高熱のために肋膜炎《ろくまくえん》を併発して治療を余儀なくされました。療養中に部隊はニューギニアに向けて出発しましたが、途中飛行機が撃墜され、部隊は全滅してしまいました。一人マニラに取り残された国治は、病のおかげで命拾いをしました」(同)

村上国治が陸軍に徴用された時期、長く病床についていた父親(重男)が先立った。一九四一年一一月のことだった。国治はその知らせを一年ほど遅れて中国の地で受け取っている。山田清三郎は、国治の言葉を次のように書き記す。やや長くなるがそのまま引用する。

「珠江《しゅこう》という大きな川が、稲田をへだててずっと流れていてね、それが石狩川をおもいださせるんだ。その珠江の流れと、目近かに稲田のみえる飛行場の兵営で手紙をみたとき、その日にも父うさん(＊ママ・以下同)は死んだような気がして、その手紙をにぎりしめ、営舎の屋根の物干場にかけあがると、まるでそれが石狩川であるかのように、『父うさん、父うさん、死んだか』と、声にだしてよんだものだよ。そして、ああもう一年も前のことだったのかとおもうと、東京にさえいたら、たとえ死に目にはあわなくとも、埋葬には間にあったのにと、徴用をうらんだものだよ」(『小説白鳥事件②』)

その後、国治は部隊とともにマニラ飛行場に移動した。マラリアにやられたという記載は山田も千代も同じだ。

山田によれば、「広島、岡山、浜松の各陸軍病院で療養をつづけた」とあるが、千代は北海道の自宅で「約一年ブラブラ」したと異なる描き方をしている。ただし、病気療養した事実は共通する。

千代によれば、養生《ようじょう》期間が終わり、国治が正式に徴兵検査を受けた際は、二つ年下の弟・正《まさ》男《お》と同じタイミングになったという。『ばあちゃん』によると、正男も国治と同じく東京の無線技術学校に入学後、半年ほどで大本営に徴用された。

国治は徴兵検査を終えた後、新潟県高田の航空通信隊に入隊した。そこで新兵教育を担当しながら出兵させる作業に従事したが、ほどなくして終戦の日を迎える。

それにしても国治が社会に〝目を開く〟きっかけとなったのは、中国広東省で敵の情報宣伝と対峙《じ》したことだった。毎日傍受する敵の情報によって、社会認識を変化させた事実は皮肉だ。

5　日本共産党に入党

戦争が終わると国治の所属する部隊はただちに解散された。山田によれば「八月二〇日には、国治は早くも家に帰ってきた」(『ばあちゃん』)という。ただし千代の手記では国治の復員は終戦の秋となっている。

「私が縁側でミシンを踏んでいると、ひょっこり国治が帰ってきました。村から出征した大勢の兵士たちは、まだ誰も復員してこないので、まだまだ帰ってはこないだろうと思っていましたので、びっくりしました」(『母と姉の心の叫び』)

国治は担いできた大きな荷物をドスンと投げ出した。

終戦の暮れの一二月初旬、国治は農民運動の活動家・五十嵐久弥《いがらしきゅうや》の演説を聴衆にまじって初めて耳にした。村上の縁戚にあたる東昭吉《あずましょうきち》が次のように書いている。

「村上さんは、私と同じ農民で五十嵐久弥さんの演説をきき、農民運動に参加、その後農民組合の書記さらに共産党の専従になった」(『上川の大地に』)

五十嵐は「いがきゅうさん」の愛称で親しまれ、北海道における農民運動の先駆けともいえる人物だった。その後、日本共産党の大衆政治家となっていく。

政治家といってもほとんどの選挙で落選がつづき、一〇回におよぶ落選を重ねた落選歴「全国一の最多候補」(『農民とともに半世紀』)といわれた人物だった。同郷の作家・三浦綾子《みうらあやこ》の長編小説『氷点』のモデルとなった人物ともいわれている。

五十嵐久弥の出獄歓迎講演会を、国治は母親のセイに連れられて参加した。セイを誘ったのは、キヌエ（国治の姉）が女工として働きに出ていた製縄工場の経営者・広瀬満寿喜《ますき》だった。

村の小学校の講堂で行われた講演会で、五十嵐は戦前の農民運動について語り始めた。セイにはわかる話とわからない話があったというが、国治はみじろぎ一つせず集中して聴いた。翌日になるともうじっとしていられない様子だったという。

「五十嵐氏の講演会のあと、国治はもうその翌日から、満寿さんらの農民組合づくりに加わるとともに、村の青年団の新しい再建のためにも、働きました」（『ばあちゃん』）

農民組合づくりを始めていた広瀬の家を訪ねていた。

「あれがぼくの第一歩だった」

国治はその後、そう述懐している。山田も次のように書いている。

「五十嵐氏の講演会をきいたあと、国治は、たった二ヵ月して、日農《にちのう》北海道連の代表の一人として、東京で開かれた日農の再建全国大会に出席していました」(『ばあちゃん』)

村上にとって久しぶりの東京だった。焼け野原となった終戦直後のかつての帝都を、国治はどんな思いで見たのだろうか。

「帰ってくると、国治は、旭川に住む五十嵐氏を訪ねて、共産党に入党し、青年仲間の小原、小野、金村、中年をこした広瀬満寿喜、中条屋文治郎その他と、比布細胞をつくり、細胞は村内農民運動、民主運動、青年運動の中核となって活動し、そして、そういうなかで、国治は間もなく日農道連の常任委員、同青年部の書記長、さらに共産党道地方委員候補にあげられたりして、その活動の舞台を、大きく村からはみ出させていった」(同)

山田は国治の入党時期を「一九四六年四月」と記している(『ふるさとの母へ』)。入党推薦者の記録はないが、経緯からして一人は五十嵐久弥であったことは間違いない。千代は国治と家族の入党の経緯を次のように記す。

「青年団の活動が比布村の民主化の大きな推進力になり、これを基礎に日本共産党比布細胞(現支部)が組織されました。国治は率先して入党すると、ついで母、キヌエ姉、のちには復員してきた正男と一家全員入党させました。私は勧められても大分しぶっていました」
（『母と姉の心の叫び』）

さらにこう綴る。

「大きな幅広の板に『日本共産党比布細胞』と書かれた看板は、比布駅裏の私たちの家の軒下に掲げました。駅を乗り降りする人々の目にすぐ触れる場所でしたから、比布村に日本共産党の組織ができたことを、はっきり公表したのでした」（同）

千代は「青年団の活動」を国治の入党理由にあげているが、正確には農民運動のことだろう。国治は母親に送った手紙で次のように綴《つづ》ったことがある。

「『北海道へ行ったら、土地はただでいくらでもくれる。北海道で一旗《ひとはた》あげよう。一〇年か二〇年しんぼうして金をためたら、また内地へもどってくるのだ』と、どれほど多くの人がこの北海道へのりこんできたかわからない。だが、それは全くはかない夢だった。それはすべて鬼どもの術《て》だったのだ。みんなそれにだまされてきたのだ。一〇年二〇年はおろか、一生かかってもついに生まれ故郷へ帰れず、骨の髄《ずい》までしゃぶりとられて、とうとうこのさいはての国の土となってしまう、あのあわれな何十万という北海道開拓団の親たちのために、私はたたかう」（『ふるさとの母へ』一九五五年七月七日付の手紙）

旭川は北海道における農民運動の発祥地だった。

一九二二年に日本で最初の農民組合が神戸で結成されると、三年後の二五年に日本農民組合北海道連合会（日農北連《にちのうほくれん》）が旭川で結成された。日農北連は当初から共産色が強く、旭川合同労組などとともに戦前における共産系団体として重要拠点となった。

話を戻すと、五十嵐は一九四六年二月五日、旭川市役所二階で行われた戦後初の農民運動再建の結成集会で「北海道農民組合連盟」（北農連）の執行委員長に選ばれる。三二カ町村から集まった五〇人の参加者を前に、五十嵐は共産党に入ることを宣言し、同年二月一一日、実際に入党した。

この大会に、村上が住む比布からも三人の農民が駆けつけている。新聞報道では組合連盟は三五カ町村、三八組合、八〇〇〇人の陣容とされた。常任執行委員の中に広瀬満寿喜の名がある。五十嵐はこう書いている。

「北農連の新しい執行部の、私の入党に対する理解や支持は単純ではなかった。結成以後私をふくめて八人の常任部のなかで半数の四人が共産党に入党した」（『農民とともに半世紀』）

五十嵐は自ら宣言して共産党に入党したが、農民組合ではさまざまな波風も立ったようだ。広瀬は、五十嵐に続いて入党した「四人」のうちの一人だった。千代は広瀬についてこう記している。

「国治に農民運動を指導してくれた広瀬万《ママ》寿喜さん」(『母と姉の心の叫び』)

「戦後、国治とともに比布共産党細胞を創立した人」(同)

「農民運動の先頭に立って活動しており、母(＊村上セイ)のことを『ばあちゃん、ばあちゃん』と慕ってくれる人でした」(同)

五十嵐が率いた北海道農民組合連盟にあって、広瀬満寿喜を組合長とする比布農民連盟は「主要な構成部分の一つ」だった。

比布農民連盟は、反共的な農民組合である「比布農村建設連盟との統一合同を四六年五月一五日にいち早く成立させ、全村五五〇戸、全戸加盟」する模範的な存在となった。

当時、町村の部分的な組織が普通であったころ、「全戸加盟の村単位の農民組織」は珍しく、五十嵐の目からみても「きわめて力強い貴重な存在」(『農民とともに半世紀』)に映ったという。

「道本部へは常任執行委員として広瀬万寿喜《ママ》、**村上国治**の二名を選出し、道本部は八月には全国組織の日本農民組合への加盟を決議した」（同、太字は著者）

五十嵐の著作に、初めて「村上国治」の名が登場する。

このころ国治の正義感はいやまして強くなった。

地域で不正を見つけると憤慨しながら解決に走った。青年団を組織し、自ら団長を買って出た。さまざまな地域活動でリーダーシップを発揮する。

前述の東昭吉は村上の五つ年下、旭川北方の美深町《びふかちょう》で生まれ育った農民だった。その東自身、五十嵐と最初に出会ったのは一九四六年三月だったという。

「戦後初の総選挙が告示され、北海道第二区から中川一男・山本作次の二名が共産党から立候補し、その代理弁士として五十嵐久弥さんが熱弁を展開するのを『国賊追い返せ』と懐中に小石を数箇しのばせて会場の片隅に陣取った一聴衆――これが私と五十嵐さんの最初の出会いでありました」（東昭吉『五十嵐久弥さんを偲ぶ』）

さらにこう綴る。

「私はその足で入党を決意し、小林多喜二《たきじ》の『不在地主』『党生活者』を読み、当時難解であった『唯物史観《ゆいぶつしかん》』『資本論』を貪《むさぼ》るように学習し始めました。私の人生観、世界観を根本的に変えたのが五十嵐久弥さんであります」(同)

東は入党後、しばらくたって美深町から村上の地元である比布村に移り住んだ。さらに比布町議(当初は村議)を四期務めた。東は村上の実弟・正男の妻の兄にあたる。その東も、国治と同じく終戦まもない演説会で五十嵐の演説を聞き、農民の権利向上のために立ち上がっていた。国治は地域活動や青年団の活動に忙しく、家に帰る暇《ひま》もなく飛び回った。隣村の鷹栖村の長老の元に通い、さまざまな教えを請うた。実家でゆっくりしている暇はなかった。農業を継いでほしいと願っていた母親のセイからすると、はなはだ不満だったようだ。

「一一月には、供出の民主化をもとめる比布農民大会が農民三〇〇名を動員してたたかわれた」(『農民とともに半世紀』)

一九四六年一一月一五日、比布村国民学校で開かれた農民大会で、日農北連のメッセージを代読した高橋昭一という書記が、メッセージの内容が食糧緊急措置令違反にあたるとして、翌月逮捕される事件が起きた。広瀬組合長宅の家宅捜査も行われた。

「比布の農民は、この時から二年余りにわたって無罪要求の先頭にたってたたかった」(『農民とともに半世紀』)

村上国治は比布の農民をまとめるために尽力。高橋の逮捕・勾留《こうりゅう》は、権力による弾圧をまじかに見る最初の機会となったはずだ。この高橋は後には立場が逆転し、村上国治の刑事裁判の特別弁護人を務めるなど村上を支える側に回る。

6　農民運動が原点

小作農に対する徴税への抗議運動が、比布方面で高まったのは一九四八年のことだった。同年三月、「比布の農民約四〇〇名が上川税務署に押しかけた」(『北海道農民組合運動五十年史』)。

五十嵐によると、「疎開山といわれた同村の開拓地の開拓農民に対する配給物資や村有地立木払い下げをめぐる不正事件がバクロされ徹底的な村政民主化闘争がたたかわれた」。

「これらのたたかいの指導に当ったのは村議・広瀬万寿喜《ママ》組合長であり、日農北連常任の**村**

上国治（青年部長）であった。のちの**白鳥事件で長期不屈の獄内闘争をたたかった村上国治がはじめて階級闘争の歴史にさっそうと登場した最初のたたかい**でもあった」（『農民とともに半世紀』、太字は著者）

日農北連は委員長の五十嵐が共産党に入ると宣言したため、社会党系と共産党系の対立を生んだだけでなく、保守系との摩擦も起きていた。別団体の上川総同盟は反共主義を掲げ、党派的な対立が深刻化した。当時、敵対していた保守系農民組織の中心者は次のように回想した。

「上川は（戦前から）日農の主流です。日農の運動の根本的な方向は何処《どこ》にあるのか。五十嵐久弥君は『共産主義社会をつくるために運動をやるんだ』このように明確に言っているわけです。私たちは日農でもいいと思った」（『戦後北海道農民運動史』）

「二度ばかり会談をした。ところが、そういうような共産化のための農民運動ということを明確に言っているわけです。そうすると、農民を解放する運動ではなくて共産党のための運動である。そういうことでは駄目だ」（同）

一九四六年から四九年にかけ、二〇代半ばの村上国治は農民運動に先鋭的に取り組んだ。日農北連の書記として、さらに青年部書記長として、経験を蓄積した。

村から村へととびまわり、農民運動の中でもまれた国治の姿は、一九四七年七月、上士別《かみしべつ》村にあった。駅から遠い不便な場所だったが、川口孝夫《かわぐちよしお》を訪ねている。川口は自身の人生を振り返った文章で、次のように綴っている。

「士別の駅から二〇キロも離れた天塩川《てしおがわ》上流の私の家に訪れた共産党員はクニさんが初めてであった。この時私は現金稼ぎで日雇いの土場巻きに出ていて家にはいなかった。彼は私の家に着くなり、鎌を持って田の畔草《あぜくさ》を刈り、馬草を準備してくれたのである。夕刻、私が馬をひいて戻ると彼は直ぐに馬草を馬に与えてくれた。その時私は直観的に、彼は『百姓だ！仲間だ！』と思った。その夜は二人で語り明かし、お盆の後に比布に彼を訪ね入党することを約束した」（川口孝夫「いまなぜ『白鳥事件』の真相を公表するか」）

後年、白鳥事件で村上と共に人生を〝変転〟させる川口は、この年の八月、約束通り比布の村上家を訪ねた。共産党旭川委員会で入党申込書を書き、村上が推薦人の一人になった。

時代は下って、五十嵐久弥らが関わって編纂された『北海道農民組合運動五十年史』（一九七四年）によると、日農北連は村上逮捕後の一九五六年八月、同執行委員会で「村上国治の無実を明らかにするため、統一公判と釈放を決議し、裁判所への抗議と村上国治への激励を可決した」。

戦後まもない頃、日農北連青年部書記長として活動した村上が、日農北連あてに送ったメッセージが掲載されている。村上の農民運動への思い入れを示す貴重な資料と思われるのでそのまま引用する。

「早いもので、終戦の年の暮に自分の土地問題のことから、はじめて組合というものを知ってからもう丸一〇年になります。思えばそのとき私の第二の人生がはじまったのです。組合運動のくの字も知らなかった私がいまでは『労働者と農民の解放』というただこの一事を信じてただこのことのために、いつ果てるともない牢屋ぐらしに耐えることができているのも、もとはといえば他ならぬわが日農のおかげです。日農に入ってから数年間、村から村へととびまわり、農民運動の中でもまれ、教えられ、きたえられたあの苦しいたたかいの経験がなかったら、おそらく私は二〇〇日をこえる連続取調べの責苦にも、三年間にわたる面会、通信、文書禁止のブタ箱（留置所）暮しにも、合せて四年にわたる飢えと寒さの独房生活にもとうてい耐えることができなかったでしょう。まさに日農は私の恩人です」

さらにこう書いている。

「私を生れ変えさせてくれたのは日農です。ここにこうしていても、あの村この村の山や川や田畑がひとつひとつありありと目にうかびます。二里も三里も腹をへらして歩いたあの道やこの橋そこに流れる小川の水の音さえ聞こえるようです。黒々と日にやけた、なつかしい皆さんの顔が次々に浮かんできます」

農民運動こそ村上国治の原点だった。村から村へ、山から山へ。刻み込まれた一つ一つの闘争が、彼の戦闘歴を形作った。その村上に転機が訪れるのは、それからまもなくの頃だ。

7　職業革命家の道

旭川市に置かれていた日農北連の本拠が一九四八年九月、札幌に移ることになった。同じころ、村上の共産党専従の話が持ち上がる。職業革命家への道が開く瞬間だった。

留萌《るもい》委員長として白羽の矢を立てられたのは翌四九年一〇月、国治が二六歳のときだ。留萌はニシン漁の盛んな港町として知られた。農民運動も盛んだった。党員作家の山田清三郎は、「留萌委員長のときには、管内羽幌《はぼろ》の築別《ちくべつ》炭鉱争議の指導にあたった」（『白鳥事件』）と記している。国治が戦闘的な活動家として活躍したことは間違いない。さらにその果敢な闘いぶりが、彼をして札幌の地へと運ぶ運命となる。

このころ、姉千代は、夫が戦死したあとに再婚、旭川の地で商売をしながら党活動に励んでいた。その姉のもとを、国治は何度か訪ねたという。

「初めての街頭宣伝に繰りだす日に、国治が訪ねてきました。四条一五丁目の目抜きの場所でマイクを一緒に握りました。電源は角の、父親が自民党市議会議員でもある西田酒・雑貨店で借り、演説を始めると、立ち止まって大勢の人が聞いてくれました。この時、国治は留萌の地区委員長として、財政活動の一環として石炭を売りに旭川にきたのでした。比布村を離れていることを、私はこの時初めて知りました。国治の活動に協力し、私の家でも石炭を一トン買いました……」(『母と姉の心の叫び』)

千代の再婚した夫(長岡留吉)がレッド・パージで逮捕された際も、国治は姉の元を訪ねている。

「選挙戦になると私はトラックの荷台に立ち、夫に代わって演説をし、また不当逮捕、即時釈放を訴えました。国治も留萌から来て、拡声器をもって刑務所の門前で同志への励ましと権力への抗議をしました」(同)

共産党の地域責任者として国治は若いエネルギーを存分に発揮させていた。一九五一年四月には、党機関紙「平和のこえ」を配布したとの理由で逮捕された。旭川刑務所に三カ月ほど収監されたというから、留萌時代は実質一年少しの計算となる。

村上国治は、北海道の党組織において知られる存在となっていた。逮捕されると活動家としての箔《はく》がつく時代、旭川で三カ月ほど臭い飯を食べた後、実家の比布で農作業を手伝っていると〝密命〟を受け取る。札幌委員長への異動命令だった。札幌といえば、北海道一番の都会である。

農民運動の大先輩である五十嵐が上川委員長を務めていたころ、それよりずっと若い村上がもっと大きな都市の現場責任者に選ばれた。本人も信じられない思いだったに違いない。

農民運動における戦闘的な闘争経験と、拘留《こうりゅう》体験をへて一皮むけた若い村上国治のパワーを当時の共産党が必要としていたのだろう。

8　札幌委員長

日本共産党は武装闘争を鮮明にし、一九五一年夏には新しい党綱領（五一年綱領）の存在も明らかになっていた。職業革命家として、札幌で思う存分働く決意を固めたことは間違いない。早晩、共産革命が成就され、日本も共産政権下に入ると党員たちが本気で信じ込んでいた時代である。村上は札幌に赴任する前、姉の住む旭川を再び訪れた。千代の手記からそのまま引用する。

一一月はじめ、早くもみぞれ雪が降っては消え、また降るといった寒い日に、国治が訪ねてきました。復員した時に払い下げてもらった上下の服に、同じく払い下げの外套《がいとう》といったいでたちでした。

「今度、札幌の共産党委員長になって行くことに決まったんだ。札幌は遠くて、汽車賃もかかるから、ちょくちょく比布に帰ることができなくなる。母さんをよろしく頼むよ」

国治は故郷の母の身を案じて、私にあとの面倒を頼みに来たのでした。

「札幌は修学旅行の時に一度行ったきりで、西も東もわからん。行く先々、地図を書いてもらって訪ねることになりそうだわ」

国治は心細そうに話しました。夫が国治の着ている服をつくづく見ながら言いました。

「おまえ、その格好で行くのかい」

「そうだわ。これしかないもんな」

札幌委員長となれば役職がら、どんな人と会うか知れない。それではあまりにひどすぎると、夫は箪笥《たんす》から一枚しかないオーバーと背広上下を取り出して国治に差し出しました。国治は、「すまない、ありがたい」と言って喜んでいました。

「母さんのこと、くれぐれも頼むよ」

「気をつけて活動しろよ」

互いに言葉を交わして別れました。この日から夫は四年間、国治の顔を見ることもなく過ごすことになろうとは思いもしませんでした。もし札幌行きが八〇日間遅れ、留萌に留まっていたなら、「白鳥事件」の首謀者にデッチ上げられることはなかったのです。

一九五一年一〇月、村上国治は札幌に着任した。白鳥事件が発生するのはそれからわずか三カ月後のことである。

札幌委員長としての焦眉の課題は、軍事組織の速やかな立ち上げにあった。

翌月、北大細胞のメンバーを中心とする地下組織〝中核自衛隊〟を結成する。

一二月には「赤ランプ事件」と呼ばれる列車襲撃未遂事件を三度引き起こした。

年末には農村工作隊を編成、派遣。札幌市自労の「餅代よこせ運動」では市役所内で座り込みを決行し、白鳥一雄《しらとりかずお》警備課長以下三〇人が出動したことから、片っ端から検挙される事態へつながった。

この際の心情的な恨みが「白鳥事件の直接的な契機」(『北海道警察史 昭和編』)になったことは疑いようがない。この間、共産党弾圧の現場責任者、白鳥一雄警部(札幌市警)らが、殺害対象として浮上した。

村上は、日本共産党の戦後最初の新綱領(五一年綱領)に基づき、武装闘争の方針を着実に遂行することを念願していた。自らを訪ねた副委員長の佐藤直道《なおみち》に、次のように語っている。

「どうだ、白鳥を堂々と襲撃しようかい」

「全党に模範を示すんだろう。警察官の一人や二人殺《や》ったって浮かないさ」

「日本共産党を名乗って白鳥課長の家を襲ってやっつけるんだ」

はやる村上に、心配になった佐藤は別角度から意見を述べた。

「やるなら（秘《ひそ》かに）暗殺を狙うべきだ」

秘かに殺るか、公然と殺るか。

革命の敵対者を殺害することに変わりはなく、佐藤は「やり方」の違いをアドバイスしたにすぎなかった。

そんな折、東京で練馬署旭町駐在所の印藤《いんどう》勝郎巡査が、何者かにおびきだされて撲殺される事件が発生した。報道を耳にした村上は、悔しそうにつぶやいたという。

「東京に先を越された」

〝革命政党〟の幹部として、その使命をだれよりも自覚していた村上は、就任早々、東京の組織に先行されたことを残念がっていた。

年末、焦る心を隠すかのように、札幌の中核自衛隊メンバーが活動拠点に集まった。そこで塩谷検事、高田札幌市長、白鳥警備課長への攻撃を確認し、まずは官舎に投石を行い、「抗議のはがき」を出すことを決めた。

このころ、白鳥殺害を暗示する話が村上の口から正式に出されたと、隊員の村手《むらて》宏光の供述調書に記載されている。一九五二年年始にかけ、警官殺害の作戦が発動される。

第二章　警官になった文学青年

帯中剣道部時代の白鳥一雄（最後列左端）

1　オホーツク出身

日本最北端の稚内《わっかない》からオホーツク海沿いに南下した一帯に広がる枝幸《えさし》。海からの通路しかなかった往時、冬場は流氷に閉ざされ、〝陸の孤島〟となった。

枝幸はアイヌ語で、「昆布が多い」や「岬」を意味する。いまでは「岬」説のほうが優勢となっているようで、同じ読みの「江差」と区別するため、「北見枝幸《きたみえさし》」と称することがある。

一帯の中心は港に近い枝幸村で、さらに二〇キロほど南に行った所に乙忠部《おっちゅうべ》という部落があった。乙忠部の地名もアイヌ語を由来とする。

同地域の開拓は一八八七（明治二〇）年ごろに始まり、地域住民の〝押さえ〟として巡査駐在所が設けられたのが一九〇八（明治四一）年とされる。

警察官数人が常駐する枝幸警察署のほか、巡査一人の巡査駐在所が周辺に三カ所あった。乙忠部巡査駐在所はその一つだった。

後年警察官になる白鳥一雄《しらとりかずお》は、一九一五（大正四）年一〇月一日、「枝幸郡礼文村《れいぶんむら》字乙忠部駐在所」で出生した。礼文村はその後、枝幸村に吸収される。

この章では、これまで語られることのなかった白鳥一雄の生い立ちに触れる。

一雄の父・白鳥正雄は、乙忠部駐在所に一人で勤務する巡査だった。妻キクは枝幸村の出身で、もとは富山県生まれの女性だった。正雄が二七歳、キクが一八歳のとき、二人は入籍している。一雄は若い二人にとっての最初の子どもだった。一雄は就学までの幼少期を、このオホーツクに面する寒冷地帯で成長する。

枝幸は漁業で成り立つ地域であり、鮭《さけ》、鱒《ます》、鰊《にしん》が当時の主要海産物だった。『北海道地名大辞典』には、一八九四年頃、「オッチユーベには旅人宿・小商人・説教所のほか二〇戸ほどがあった」とある。

一八九八年、枝幸市街に次いで乙忠部市街でも区画割の測量が開始された。一九〇〇年には簡易教育所が開設され、一五名の児童が就学したとある。このころ、地域の「人口が急激に増加」する。

一雄が生まれた翌年（一九一六年）、礼文原野に農民三六戸、一五九人が入植した。同年、乙忠部に郵便局が設置される。

同年一二月、大時化《しけ》により完成まもないタラバガニの缶詰製造工場が流出した。翌年、簡易教育所は、尋常小学校へと格上げされた。乙忠部の駐在所は、当初は村の簡易教育所に併設されて始まったと記録には残る。

維新後の文明開化の波は、地方にも押し寄せた。どの地域にあっても小学校、郵便局、警察は不可欠な施設となった。部落に一人しかいない巡査（警察官）は、地域住民の相談役であり、争いごとの仲介者であり、世話役だった。そうした父親の背中を見ながら、一雄は幼少期を過ごす。

乙忠部は典型的なオホーツクの村落で、一月より二月のほうが気温が低くなった。通例、内陸部の札幌や旭川などでは一月が最寒時期となる。オホーツク一帯は海面を埋め尽くした流氷から来る風が二月になっても冷気を運ぶため、沿岸を冷やし続ける特有の現象が生まれた。鉄道もバスもない時代、冬場はそりが主要な運搬手段となった。

一雄より二年遅れて枝幸村で生まれた次男の白鳥廣《ひろし》も、兄と同じく警察官の道を歩いた。このころの話と思われるが、一家が転勤する際、母親が一雄を背中におぶり、父親が幼い廣を抱えて徒歩で転勤したという話を、私は末弟（五男）の白鳥守から耳にした。

年齢から考えて一九一八年ごろ、廣が一歳くらいの頃と思われる。枝幸から乙忠部まで距離にして二二キロほどだ。

乙忠部駐在所や枝幸警察署に勤務した父親は、帯広の幸震《さつない》方面でも働いたことがあった。その後再び枝幸方面に戻り、新設の中頓別《なかとんべつ》村の駐在所でも勤務した。

白鳥正雄は宮城県の栗原郡瀬峰《せみね》村（現在の栗原市）の出身で、白鳥太左衛門とシウの次男として一八八七（明治二〇）年、藤里村（栗原郡）で生まれている。

その後北海道に渡り、道庁の警察官となった。枝幸、幸震、中頓別、札幌、下徳富《しもとっぷ》、芽室《めむろ》などを転勤しながら、家族もそのたびに転居を余儀なくされた。

白鳥一雄は白鳥家の五男四女の長男として、年をへるほどに多くの弟や妹に囲まれた。白鳥正雄を筆頭者とする戸籍によると、一番下の妹が一九三八（昭和一三）年生まれとなっているので、一九一五年生まれの一雄とは二三歳の年の開きがあった。兄弟といっても親子ほどに離れていた。

2　転々とした小学校時代

一雄が入学した小学校は今となっては定かでない。帯広近郊の幸震尋常小学校か、中頓別尋常高等小学校だったと推測される。中頓別小学校は、そのころ学年で一〇〇人くらいの児童が在籍した。

一雄が小学校に入学した年の春、中頓別でフキバッタが大量発生したと『中頓別町史』にある。フキバッタは馬鈴薯《ばれいしょ》の大敵となる昆虫で、その名のとおりフキやヨモギなど野生の食物を好んで食い荒らした。

明治中期、中頓別では砂金が産出、一攫《かく》千金を夢見る者が全国から押し寄せた時期がある。いわゆるゴールド・ラッシュだったが、一雄が来たころにはブームは収まっていた。

さらに数年たつと、父親は札幌転勤となり、一雄も札幌の学校へ転校を余儀なくされた。へき地から、都会の生活へと目まぐるしく変わった環境。当時の札幌には「中央創成《そうせい》尋常高等小学校」などがあった。記録としては残らないが、一雄もそうした学校へ通ったと思われる。

小学校の最後は、父親が新十津川《しんとつかわ》村に転勤となり、一雄は新十津川尋常高等小学校を卒業している。

新十津川小学校の発行した『開校七十周年記念誌』に、四四人の男子卒業生の中に白鳥一雄の名前がある。担任の名は綱川子之吉。ほかに女子児童四〇人が卒業した。

北海道では一般に石狩川流域を「空知《そらち》」と称し、新十津川は「中空知」に位置した。現在のJR滝川駅にほど近い場所である。「空知」は北部に深川、南部に砂川・夕張を抱える一帯だった。新十津川村は奈良県吉野郷十津川村から入植した人びとが開墾した村で、地域柄、剣道が盛んな場所として知られていた。

当時も今も、親の期待は長男に集まる。父親の正雄にも田舎の学校より進学に有利な都会の学校に通わせたいという気持ちがあったと思われる。

当時の中学校進学は、現代なら、大学に進学させるくらいの重みがあった。尋常小学校卒（六年間）か、高等科卒（プラス二年間）が一般的であった時代に、中等学校へ進学できるのは全体の二割にすぎなかった。

一雄が小学校卒業後、旧制中学校に進学したのは一九二九（昭和四）年、一三歳の春だった。その間、一年のブランクがあったが受験浪人をしたのか、二年で修了となる高等小学校へ一年だけ通ったのかは判然としない。

一雄は道内で最後に創設された帯広中学校に入学した。

道内の多くの中学のうち、なぜ帯広の地を選んだのかは、幼少期の幸震時代の体験があったのかもしれない。

寒風吹きすさぶオホーツクの気候風土に比べ、帯広は北海道の中では夏と冬の寒暖差こそ激しいものの、晴天に恵まれることが多く、日差しも強い。十勝《とかち》での暮らしぶりは、オホーツクで暮らした時代とは天と地ほどの違いが感じられたはずだ。子どもたちにとって伸び伸びと比較的自由に遊べる環境があったものと思われる。

3　帯広中学七期生

十勝は大規模農業の先進地として早くから注目された。NHK連続テレビ小説一〇〇作目「なつぞら」の舞台となった地域としても有名だ。若手の人気女優・広瀬すずが主演し、二〇一九年に放映された。

白鳥が入学した帯広中学校の校舎は、JR帯広駅から北東に二キロほど行った場所にあった。駅から徒歩で三〇分ほどの距離だ。

北海道内の庁立中学校は当初、札幌、函館、小樽、上川（旭川）に設置され、大正年間に釧路、室蘭、滝川に拡充された。その間、商業学校や工業学校などの実業校が整備され、道内で最後に設立されたのが帯広中学だった。

一九二三（大正一二）年の創立。現在は人口一六万を超える帯広市だが、当時はわずか二万人。帯広中学は戦前は十勝地方における最高レベルの学府（男子校）という位置づけだった。

北に大雪連峰を臨み、西に護国神社や帯広神社の森が隣接する。国家神道が中心だった戦前、人びとは神社に向かって敬礼しなければならなかった。南西方向に日高山脈の美しい山並み。校舎は大通りに面したグラウンドの奥にあり、いまの帯広柏葉《はくよう》高校と同じ場所に立っていた。

一九二九年に入学した白鳥一雄は、帯広中学の七期生となる。

戦後、男女共学に変わった旧制帯広中学は、新制高校として「北海道立帯広高等学校」「北海道帯広高等学校」と名称を変え、一九五〇年、「北海道帯広柏葉高等学校」に改称した。歌手の中島美雪《みゆき》（二〇期）、ドリカムの吉田美和《みわ》（三四期）などの著名人を輩出し、TBSアナウンサーの安住《あずみ》紳一郎（四二期）も同校OBだ。

現在の教育制度と異なり、旧制中学は小学校教育の次の五年間をすごした。男子は中学、女子は高等女学校に振り分けられた。

根雪が溶けて地肌が見えるころ、一雄は白線入りの学生帽をかぶり、憧れの学校に入学した。「警察官、鉄道員等の子弟は父兄の官給服に金ボタンをつけて颯爽《さっそう》と登場」（『柏葉六十年史』）とあるから、父親が警官であった一雄は、父譲りの官給服のいで立ちであったかもしれない。

中学は小学校と異なり、毎時間担当の先生が入れ替わる。軍事教練が重要教科として加わった時代。軍隊の尉官《いかん》クラスが学校に常駐し、将来の幹部候補生を見定める役割を果たした。

一雄が入学したころ、白鳥家の家族は滝川方面で暮らしていたため、当初は市内で下宿したか一時的に寄宿舎（学校寮）に住んだものと推測される。父親が隣町の芽室《めむろ》町へ転勤になると、ようやく自宅通いができようになった。

学校裏手には十勝川の支流である帯広川が数メートルの幅をつくっていた。当時はドジョウ、ザリガニ、川エビなどさまざまな生き物がいて、水遊びに困ることもなかったという。川沿いの一角に、今もハクチョウの飛来する場所として掲示板が立てられている。

当初私は「白鳥」はハクチョウに由来する北海道土着の姓と勘違いしていた。だが、道内で白鳥姓を名乗る者はむしろ少ない。同じシラトリでも「白取」のほうが多い。

白鳥姓は、宮城県栗原市に偏って存在し、もともと宮城県内の神社で日本武尊《やまとたける》が白鳥と化したとの伝説に端を発した名字といわれる。地元では「白鳥信仰」があり、「白鳥タブー」もあった。捕って食べると祟《たた》りがあると恐れられ、飛来した白鳥にひざまづいて拝する習慣もあったという。

宮城県の郷土史家は次のように説明している。


「わが国の固有信仰では霊界と現実の世界を連絡通信するものは鳥類と考えられていた」

「ちょうどその頃、シベリアから渡って来るのが白鳥であった」

「秋から冬にかけて飛来する白鳥の見るから汚れのない純白のスマートな姿は、雪冠をいただく刈田《かった》（＊地名）の山霊に関連して、こよなき神使と考えた」（『宮城の郷土史話』）

帯広百年記念館は、帯広市の歴史を展示する地元の展示施設だが、その一角に「十勝の移住者数上位一〇県」の展示がある。そこには一位富山県、二位岐阜県、三位宮城県とあった。一雄の父親は宮城県、母は富山県出身なので、十勝への移住者としては多数派に属した。ただし一家は開拓移民というわけではない。薄給の身とはいえ、公務員（警察官）だった。白鳥家は例にもれず多くの子どもを抱えた。生活はけっして楽とはいえなかった。

『芽室町五十年史』の「警察」の項に、白鳥正雄が巡査部長として仕事をした記録が残っている。巡査部長は巡査を束ねる責任者だ。

「芽室巡査部長派出所＝芽室村字芽室東二条二丁目一九番地に大正九年一二月庁舎新築、翌一〇年一一月二六日巡査部長派出所を設置した」

歴代巡査部長の名前が並ぶ一二人の中に「白鳥正雄」の文字がある。就任日は「昭和八・七・九」、辞めたのは「昭和一〇・一〇・二」とあった。

西暦に直すと一九三三年から三五年の二年間に相当する。一雄が中学校の最終学年（五年生）から、卒業後、北海道庁警察官に採用されるまでの期間に該当する。

末弟の白鳥守によれば、父親は警察官を定年退職したあと、芽室町の郵便局で保険を取り扱う慣れない仕事を始めた。

大家族を養うために懸命に働く父親の背中を見ながら、早くに生まれた兄や姉たちは、必然的に一家を支える側に回った。長男と次男は北海道庁の警察官、長女は芽室郵便局で勤務した。

戦後、一雄と同じ帯広柏葉高校を卒業した白鳥守は、卒業後、教職に就き、道内の公立高校で英語を教えた。

白鳥家では多くの子どもが警察官や教員など〝堅い仕事〟に就いている。いずれも地方公務員が多く、道内を生活の拠点とした。

父の正雄は、芽室署在勤時代に芽室町内に自宅を建て、終生の住み家とした。守が感慨深い口調で振り返る。

「北海道はとにかく寒い時代でした。目を覚ますと、布団の襟元に霜《しも》が降っていたのを思い出します」

当時の帯広中学は他の学校と同じく現役合格者だけとは限らなかった。この時代は飛び級制度もあり、さらに一、二年遅れて入学する生徒も珍しくなかった。そのため同じ一年生といっても年齢にばらつきが生じた。

募集人数は一学年一〇〇人で、二クラスを編成した。全校で一〇クラスあった計算となる。三クラス編成に移行する一四期生の前年まで二クラス編成が維持された。

高等科をへて入学した者、浪人組などは自動的にA組に振り分けられ、小学校を現役卒業した者だけがB組に入った。白鳥一雄はA組となった。

「一、二年の担任は国語の中村貞吉先生、三年は数学の畠山正芳先生、四年は国語の栗村健吾先生、五年は数学どの先生方も素晴らしくよい先生で、五年間担任には恵まれた」(『柏葉七十年史』)

同じ剣道部に所属した男沢哲夫の証言だ。

後年、白鳥一雄の殉職の際、地元紙の多くが本人の略歴を掲載した。中にはとんでもない誤った記載もあった。

北海タイムス紙の前身・北海日日新聞は、「昭和四年札幌一中入学、同校卒業」(一九五二年一月二三日付)と記載している。一雄が小学校時代の一時期を札幌で過ごしたことは事実だが、中学は札幌ではなかった。

このころの中学は体育会気質が強く、上級生による統制の厳しい時代だった。外で上級生に会ったら下級生は敬礼して挨拶しなければならない。きちんとできない生徒は目をつけられ、ひどい場合は暴力を振るわれた。

上級生はヒゲづらの高校生に近い年代であり、一年生は小学生に毛が生えたくらいの時期で、大人と子どもほどの違いがあった。

帯広中学の年中行事として、一九三〇年まで行われた「ウサギ狩り」がある。

野生のウサギが野原を駆け巡っていた時代。毎年一〇月末か一一月はじめになると監獄高台といわれた緑ヶ丘公園一帯で挙行された。軍事教官の指揮で網を張り、全校あげて取り組んだ。ただし捕獲数が減少するなどして、白鳥が三年生のときに廃止されている。

四年生にあがると、校長先生が交代した。

それまで大正デモクラシーの影響を受けた民主的な学習指導が中心だったが、対極ともいえる校長（銀林由信）が赴任し、教育方針が変更された。自由だった校風は一転、〝訓育〟を柱とする精神指導へ切り変わった。

精神修養が一枚看板の学校となり、「床は心の鏡」の号令のもと、全校生徒で毎週床こすりが義務づけられた。教室の廊下が光るまで磨かされたという。

全道に先駆け、巻ゲートルの着用も義務づけられた。準戦時体制を色濃く反映した措置だったといえる。

白鳥一雄が在学した五年間に、後年、仕事で深いかかわりをもつことになる日本共産党の著名人物が二人、東京の地で絶命している。

東京築地署で拷問《ごうもん》され、二九歳の若さで命を落とした小樽出身の作家、小林多喜二《たきじ》。多喜二が死亡したのは白鳥が四年生の二月のときだった。それから一年後、品川署で拷問された北海道出身の野呂《のろ》栄太郎も三三歳の若さで亡くなった。このころの白鳥は、まだそれほど深い関心はなかったかもしれない。

4　打ち込んだ剣道

帯広中学開校六〇周年の年、地元紙「十勝毎日新聞」が「ああ青春のオベリ魂　帯中《おびちゅう》―柏葉六〇年の歩み」という一二〇回にわたる連載を行った。同じ八三年、連載と同じタイトルで書籍として発刊された。

帯広中学編に「七期生」のことが取り上げられている。見出しに「白鳥警部追悼の〝友引会〟」の文字があった。

「二七年一月凶弾に倒れた白鳥事件の白鳥一雄（当時札幌市警察部、三六歳）もこの帯中七期生の一人。**目立たない文学好きの少年**で、芽室派出所巡査の息子、ロシア語にたんのうなきちょうめんな男だったという。白鳥の追悼を機に同期会を『友引会』と称し、結束の固さを誇っている」（十勝毎日新聞・一九八三年四月二六日付、太字は著者）

白鳥の死亡がきっかけとなって七期の同期会が開始されたと証言する人物（三浦龍之助）はほかにもいた。

「帯広に帰って間もなく白鳥が札幌で凶弾に倒れた。私が居候していた平原荘ホテルに同期生が集まって、佐藤信海が導師となり追悼の供養をしたのが七期の会の始まりである。坊さんである佐藤が出席出来る日は『友引』以外にはないと言う事で会の名称を友引会とした」（『柏葉六十年史』）

七期生を〝友引会〟と称した理由が書かれている。

別の地元紙「東北海道新聞社」も、同様の連載企画を行い、一冊にまとめた『帯中物語』がある。それによると、「白鳥一雄（故人）の巻」にこう記されていた。

「芽室町の駐在所の巡査部長の息子だった。帯中時代は目立たない。温和《おとな》しい生徒で詩を書き、短編の創作をよくした**文学少年**だった」

当時の学校文集も残っている。一九三三年一二月に発行された『柏葉《はくよう》』（第六号）は創立十周年記念号で、三〇〇ページにわたる厚いものだ。そこに白鳥一雄（五年生）の短編小説が掲載されていた。

「創作」という項の六編のうちの一つが白鳥の作品「追はるゝ者」となっていた。

原稿用紙一〇枚ほど、四ページの〝超短編〟作品だが、若き日の白鳥一雄の内面を覗《のぞ》き見ることができる。

囚人の清太が刑期を終えて監獄から出所し、社会の厳しい荒波と偏見のもとで苦労しながら働くというシンプルなストーリーだった。父親が警官ということに関係していたのだろう。一〇代半ばの繊細な感情を読み取ることができる。

一雄が帯広中学で学んだのは昭和一ケタのバンカラの伝統が息づく時代だった。『柏葉』には、各部の活動の様子が写真入りで掲載されている。剣道部の集合写真の中に白鳥の姿が見てとれる。一雄が試合に出場した記録も残っていた。『帯広柏葉高等学校五十周年記念誌』の「クラブの歩み」の欄に、「剣道部」を紹介した次の記述がある。


「昭和六年榎本、臼木などのとき東北海道大会を当番校として初参加、網走中に一本差で破れ、翌七年野村二段、香川のとき一ヶ月合宿をして、網走中の東北海道大会に出場、翌八年根室商の東北海道大会に男沢、須藤、**白鳥（白鳥事件の）**、泉、高井によって初めて優勝、個人戦でも佐藤次郎優勝、全道大会に於ても個人第三位となる。このときも一ヶ月の合宿を行っている。しかも七月の期末試験前であったが成績はよかった」（太字は著者）

入学すると当時はだれもが剣道か柔道を正科として選択しなければならなかった。白鳥はそれ以外にも部活動の剣道で汗を流した。柔道や剣道を奨励した警察官である父親の影響があったはずだ。

白鳥が卒業した新十津川尋常高等小学校の地域は、奈良県吉野郷十津川村からの移住者が開いた村で、剣道が盛んな土地柄だった。少年剣道が奨励され、白鳥は小学生時代から竹刀を握っていた可能性がある。

話を戻すと、帯中が東北海道大会で優勝するのは、白鳥の最終学年となる五年生のときだった。東北海道大会は、帯広中学、十勝農業、釧路中学、根室商業、網走中学、野付牛《のつけうし》中学の六校で争われ、そこで勝ち抜いて初めて全道大会に進む仕組みだった。東北海道大会が始まったのは、一雄が三年生のときという。

新設校の例にもれず、創立されたばかりの剣道部は、稽古場所の確保もままならず、隣接の護国神社（当時は招魂社）前の草原で練習した時期もあったという。

『帯中物語』によると昭和六年、白鳥が三年生のときの東北海道大会の決勝戦で、帯広中学は網走中学に惜敗。翌年こそはと「農事試験場（東九条南八丁目通り）の一端の空家を借りて合宿、学期末の試験もあり、毎晩、二時間ほどの睡眠で頑張った」という。それでも翌年（昭和七年）の優勝はかなわなかった。

「優勝に望みをかけていた帰帯の心は重かった。帯広駅に列車が滑り込んだ途端、懐かしの帯中歓迎歌がプラットホームに流れていた。選手達の胸は一度にこみ上げて来た。みんな泣いた。歓迎の応援団も選手も」（『帯中物語』）

白鳥が四年生のとき、剣道部の出場選手に当人の名は見当たらない。「みんな泣いた」というからには、白鳥も同様の心情をもっていたと推察される。雪辱《せつじょく》をかけた〝三度目の正直〟は、白鳥が五年生となった最後の夏に巡ってきた。

根室商業で開催された東北海道大会――。

「この口悔し涙が昭和八年七月、根室で開かれた東部予選に花開いたのである。釧中を一三対四、根商一三対五、勝農に九対一一で破れたが、宿敵網中には一〇対八で雪辱、野中を一二対三で破り、**念願の初優勝を果たした**」（同、太字は著者）

一九三四年三月、白鳥は帯広中学を卒業する。『柏葉全日制八〇周年・定時制五〇周年記念誌』によると、入学時一〇〇人ほどいた七期生は卒業時には六三人になっていた。その後も日中戦争や太平洋戦争に徴兵される世代と重なり、「卒業後は戦争で殆ど全員従軍」（『柏葉六〇年史』）したため、アッツ島で玉砕した者をはじめ一〇人ほどが戦死。戦後は五〇数人で出発した。

5　初任地は小樽署

白鳥家の兄弟の中で大学まで進学できたのは長男の一雄と四男（帯広畜産大学）の二人だけ

だったという。一雄が帯広中学を卒業した後の足跡はしばらく途絶える。弟の白鳥守によると、一雄は小樽商科大学の前身である小樽高等商業学校に進んだ。ただし今となってはその事実を確認することができない。

事実とすれば、自宅から通える距離ではないため、小樽市内に下宿したと思われるが、子だくさんの家庭だった白鳥家にその余裕があったかどうか定かでない。仮に入学したとしても、同校を卒業していないことは確かだ。

小樽商科大学の卒業生名簿に白鳥一雄の名前がないことに加え、警察学校への入所時期から考えてもありえない話だからだ。当時の小樽高商の修学期間は三年間とされ、白鳥はすでにそれ以前に警察の人間になっていた。

一雄が警察に入った時期について、これまで「一九三五(昭和一〇)年一月」と「一九三七(昭和一二)年四月」の二種類の記述がなされてきた。

前者は白鳥事件直後の地元新聞(北海道新聞・一九五二年一月二二・二三日付)などが報じたもので、後者は党員作家の山田清三郎らが著作で記述してきたものだ。いずれも北海道警察の公式記録と異なっている。

道警側の資料『北海道警察学校史』によると、一雄が北海道巡査に採用されたのは一九三五(昭和一〇)年一二月一二日。警察練習所第五五期生として、翌年四月一〇日まで教習を受けた。

一雄が一九三五年一二月に巡査となった事実は、その少し前に採用試験に合格した計算となる。

それはそのまま父親が芽室警察署の巡査部長を退任した時期と重なる。

今も昔も警察学校は全寮制で、当時は札幌市の道庁構内に設けられていた。

白鳥の中学卒業の翌年、発行された『柏葉』（第七号）に「第七回卒業生動静」という近況報告欄がある。七期生全員分（六三人）の氏名と「卒業後ノ状況」が記載され、就職先や在学校、住所などが活字となった中で、白鳥一雄の項には「士幌《しほろ》堀田農場内」とのみ書かれていた。

ミスプリントでなければ、アルバイト的に農場で働いた時期があったのだろう。

一雄の中学卒業から警察に入るまで、一年九カ月の空白があるが、すでにその時点で六人の弟妹を抱え、一家を支えるため長男として働くしかすべがなかったと推察される。

ちなみに「小樽高商」に通う同級生は二人いた。

一雄は働きながら警察官採用試験に臨み、父親の後を追って合格したと考えるのが自然だ。練習生として教習が終わると、初任地が発表される。最初の勤務地は小樽《おたる》警察署だった。

当時の小樽は海運産業の大動脈で、札幌より経済的に発展した時代もあったほどだ。人間の往来が激しく外国人も多くいた。函館とともに北海道で最も発展した町の一つだった。

北海道にあっては函館と同じく、ソ連領事館がある重要拠点だった。共産主義者の作家・小林多喜二を生んだ町としても知られる。

小樽署は札幌署などに次ぎ、、当時の北海道では三番目の大きさを誇る警察署だった。

戦後でいうところの警備警察（公安警察）の道を歩むことになった白鳥一雄は、戦前は、主に外事警察《がいじ》（特高警察の一種）畑で仕事を行った。新任時代のだれもが経験することだが、当初は外勤係を命じられ、警察本来の仕事であるパトロール業務に就いたと思われる。

6　ハルピン留学

白鳥事件直後の新聞報道には、「昭和一三年から二年間満州ハルピン学院に委託学生として入学」（読売新聞北海道版・一九五二年一月二三日付）の略歴記載が見られる。事実とすれば、小樽署で勤務したのはわずか二年ほどの期間にすぎなかった。

当時の日本でロシア語を学ぶには、東京や大阪の外国語学校（ロシア語科）で勉強するか、外地ならハルピン学院が相場とされた。

ハルピン学院は一九二〇年、ロシア革命を逃れた白系ロシア人が多く住むハルピンの地に初代満鉄（南満州鉄道）総裁を務めた後藤新平の発案で開設され、終戦時（四五年）まで二五年の歴史を刻んだ。中学卒業者を対象にした本科生（三年間）のほか、軍や特殊機関、満鉄などから「聴講生」と呼ばれるロシア語研修生を受け入れ、「ソ連問題専門家養成の最高学府」（『哈爾濱学院史』）とされた。

一雄がハルピン学院で学んだ時期について内務省《ないむ》警保局《けいほ》がまとめた『外事警察概況』に関連する記載がある。

〝厳秘〟マークが付けられた『昭和一七年中に於ける外事警察概況』という冊子の中に、「語学警察官養成の状況」と題するレポートが掲載されていた。

国際情勢の緊迫化にしたがい、語学に堪能な外事警察官の存在が重要になったところ、待遇面などの事情で補充が困難な状況にあることから、国が一人につき年額一二〇〇円の予算措置を講じて各都道府県警察から適任者を選抜、養成を行う旨を記していた（以下原文より引用。哈爾濱をハルピン、露・露西亜をロシアと書き換える）。

「昭和一四年六月ハルピン駐在抗迫事務官の斡旋《あっせん》により、満州国立大学ハルピン学院ロシア語科聴講生として内地警察官一五名以内の派遣方諒解を得」

白鳥とは微妙に時期がずれているものの、内地から一五人を上限とする警察官がロシア語聴講生としてハルピン学院へ派遣された。白鳥はロシア語を学ぶ全国警察官の代表として派遣されたことになる。

初年度は六月からの中途入学だったというが、翌年四月から「特修科第一部生」として丸一年のコースとなった。成績優秀者はさらに一年間、「専攻科」で学習を継続できた。そのため計二年間の在学期間となった。

前述の『外事警察概況』によると、二年間就学した人数はこの時点で一一人。内訳は「北海道

三、警視庁二、福岡二、大阪一、神奈川一、新潟一、長崎一」とあるから、「北海道三」の中に白鳥が入っていた可能性が高い。

派遣対象者は、「将来の外事警察上重要なる地位を占むる」者とあり、条件として次の項目が列記されていた。

一、巡査部長以下にして、年齢三〇年未満なること。
二、中等程度以上の学校卒業者なること。
三、身体強健なること（呼吸器系疾患検査のためレントゲン診断をなさしむ）
四、志操堅実平素の勤務成績優秀なること。
五、なるべく独身者なること。
六、ロシア語学習の熱意旺盛にしてかつ語学に対する適正を有し学習後相当期間勤務の見込みある者なること。

当時の一雄の階級は「巡査」で、「巡査部長」には昇任していなかったが、すべての条件をクリアしていた。『概況』では、語学研修の目的を次のように説明している。

「満州国内においてロシア色最も濃厚なるハルピンに現職警察官を派遣し、満州国立大学ハルピン学院にロシア語科聴講生（第二回より特修科第一部生）として入学せしめ、ロシア語の短期習得をなさしむると共に、ロシア事情に通ぜしめんとする」

さらに教育内容について次のように書かれている。

「毎年四月より翌年三月まで一ヶ年間特修科第一部生としてロシア語およびロシア事情を教育するものにして、毎週授業時数二四時間、外に毎年夏季に於て二週間の見学旅行をなさしめ、満ソ国境の状況、白系ロシア人の生活情況を視察せしめつつあり。更に宿舎は市内白系ロシア人宅に散宿せしめて語学の実地練習に資する等実際的教育に意を用ふると共にハルピン内務公館勤務の内務事務官に於て、学院当局と連絡の上これが指導監督に当り、もって能力の向上、品位の保持に努めつつあり」

一般学生は大学構内の学生寮などに居住したが、白鳥のような「聴講生」は市内の白系ロシア人家庭に同居し、夏には二週間の見学旅行が許されたという。

一九三二年に満州国が建国されて数年しかたっていないころ、渡満の手段は船と列車を乗り継ぐ時代だった。

このころ日本から満州に渡る経路は大きく三通りあった。一九三九（昭和一四）年発行のパンフレット「日満連絡　満州への近路　新潟北鮮航路案内」によると、一つ目は新潟または敦賀《つるが》（福井県）から北朝鮮の羅津港《らしんこう》まで船で渡り、鉄路で移動する北朝鮮経由ルート。二つ目は下関（山口県）から釜山まで船で行き、鉄路を使う韓国ルート。三つ目が神戸港や門司港経由で中国大連《だいれん》へ渡り、大連から特急「あじあ号」に乗って鉄路ハルピンまで北上するルートだった。

最も安価かつ短時間で移動できるルートは、敦賀や新潟から北朝鮮経由で入るルートだったという。

白鳥一雄がどの経路でハルピンに向かったかはわからない。言えることは、彼が時期をたがえて北海道とハルピン間を二往復した事実だ。後述するが、二度目の帰国は終戦時の混乱の最中、命がけの逃避行となる。

7　ノモンハン事件

白鳥一雄が道警に就職したころ、二つ下の弟・廣は陸軍少年飛行兵に志願していた。二人の軍歴証明書によると、廣は一雄が警察学校に入った翌月（一九三六年一月一〇日）、一八歳で飛行第五連隊第四中隊に入隊している。いわゆる徴兵前の志願兵だった。

以来、廣は四〇年二月に召集解除されるまでの四年間、軍隊生活を送った。不思議なことに兄一雄とは、軍隊に入る順序が入れ替わる形となった。

一雄が小樽警察署に赴任しハルピンでロシア語を学んでいたころ、廣は陸軍航空兵の訓練を受け、一年半後、中国に渡った。

日中戦争開戦時の一九三七年には天津《てんしん》方面で活躍。三九年満州にわたり、同年八月から九月にかけ、第二次ノモンハン事件に参加している。

ノモンハン事件は、線引きされていない国境をめぐりロシア軍と関東軍《かんとん》（旧日本陸軍）の軍事衝突に発展した局地戦闘だった。好戦的な関東軍と、それを抑制しようと試みる日本陸軍司令部との間で意見が食い違う経緯となった教訓を残す事件として知られる。

日本軍とロシア軍の単発的な不法射撃と応戦は一九三九年五月に発生。双方とも後に引けなくなり、ソ連軍が総攻撃を開始したのが同年八月二〇日のことだった。これを指して「第二次ノモンハン事件」と呼ぶ。

実際の戦闘は一〇日程度の短いものだったが、局地的衝突において関東軍に一万人以上の死傷者を出す重大な損害をもたらした。日本側が壊滅的敗北を喫した原因は、軍司令部がソ連軍を甘く見た結果とされる。

廣の所属する部隊は八月三日、広東省から台湾、下関、釜山を経由してハイラル入りし、九月二四日まで現地にとどまった。軍歴証明書では、「第二次ノモンハン事件に参加」とだけ短く記載されている。

日本軍が初めて空軍力を使用したのは八月二二日。当時発表された戦果では、「敵機九七機を撃墜破」「日本機は一〇数機未帰還」という勇ましいものだったが、実際はソ連空軍のほうがはるかに優勢だった。

歴史家・半藤一利《はんどうかずとし》の代表作の一つ『ノモンハンの夏』によると、日本軍の飛行機一一三機に対し、ソ連蒙古軍は五一五機と大きな格差があった。

廣が戦地で闘っていたころ、兄の一雄は同じ満州国内でロシア語を学んでいた。ハルピンとハイラル間はおよそ六三〇キロ。日本でいえば東京と岡山ほどの距離だ。

一雄は二年目の語学留学を終えるとまもなく北海道に戻った。時をへずに「赤紙」（＝軍からの召集令状）が届き、いやおうなく軍務に服した。

日中戦争の開始以降、警察行政には激変の波が押し寄せる。特に一九四〇年に入ると、軍に召集される者が続出した。

一九三九年一二月発行の『北海道庁警察職員録』によると、白鳥一雄は「室蘭水上署《むろらんすいじょうしょ》」所属の巡査で、分掌欄に「通訳」の記載がある。

この「通訳」の肩書こそ、白鳥が二年間語学留学したことの裏づけといえるものだろう。

帰国と同時に軍に召集された一雄に対し、弟の廣は兄と入れ替わる形で〝召集解除〟となった。

一九四〇年五月、廣は一雄より五年遅れで警察練習所第八〇期生として道庁警察の門をくぐった。

兄の召集時期と、弟の解除時期が一致するのは興味深い符合に見える。

廣の初任地は、少年時代を過ごした新十津川村にほど近い滝川警察署だった。

8　歩兵第二七連隊

白鳥一雄の母校・帯広柏葉高校が刊行した『柏葉　全日制九〇周年・定時制六〇周年記念誌』（二〇一三年）に興味深い座談会が掲載されている。白鳥より二回りほど後輩にあたる二三期生（卒業時は帯広高校二期生）の嶺野侑《みねのすすむ》が次のように語っているからだ。

「何を隠そう白鳥さんは警察官だったが四師団に入隊して『おまえ幹部候補生になれ！』といわれたけども、ならなかったから上官に睨《にら》まれました。丁度その時、一期生の草森義経《くさもりよしつね》中尉がいて『おまえいじめられるからロシア語勉強しろ！』と助け船を出しました。そしてロシア語を学んで満州に行ったんですよ。それで終戦で帰ってきてから忠実に治安を守る仕事をしたんですね」

白鳥一雄がロシア語を学んだことは確かだが、それは軍に入ってからではなく、軍に入る以前のことだった。入隊前の『北海道庁警察職員録』記載の白鳥の分掌が「通訳」となっている事実からもそのことは裏づけられる。

『北海道警察史』に記された白鳥の職歴によると、初任地の小樽署を皮切りに、室蘭水上署、函館署、警察部、満州出向というルートで異動を繰り返した。

軍歴証明によると、一雄が軍務に服した期間は一九三九年一二月一日から四二年一〇月七日までの二年半。旭川市に拠点を置く歩兵第二七連隊に召集された。

最初の三カ月は検閲期間で、いったん召集解除となったあと、再び召集されて四〇年八月、中国大陸へ渡った。主に南部方面を転戦した。『帯中物語』に次の記載がある。

「昭和一四年四月臨時召集を受けて北部第三部隊に入隊したが、ここには帯中一期の草森義経先輩がいて、草森隊に配属された。第一期の検閲が終わって幹部候補生になる事を奨められたが、体も丈夫ではないと断ったのが原因で、大隊長が怒って召集解除を延期してしまった。心配した草森隊長が特別に計らって〝特業〟の露語通訳要員養成所に配属を変えた。ここでめきめきと頭角を現したのである。除隊して二度目の召集の際に、露語通訳の力が買われて、一気に満州に派遣されたのである」

ここでも同じように軍隊内でロシア語を学んだように記述されている。だが、本人の軍歴証明によると、「軍務」で満州に渡った事実は存在しない。軍時代はあくまで南方の広東省への派遣だった。

兵役時代に陸軍の幹部候補生となるための受験を勧められたことは事実だろう。だが警察官の仕事を続けたかった白鳥は理由をつけて断ったという。その結果、部隊上層部に目をつけられ、厳しい立場におかれた。

兵役期間はもっと短く済んだ可能性があったが、召集解除を遅らされるなどの嫌がらせを受けたという。嶺野はその旨、帯広市の自宅で私の取材にも答えている。

ここに登場する草森義経は、帯広中学校の一期生で、白鳥の六学年先輩にあたる。

草森は戦後まもない一九四七年、帯広柏葉高校の同窓会長（第二代）に就任。以来四〇年以上務めた。幸震村（その後、大正村）の出身で、『帯中物語』によると、昭和三年卒業と同時に母校の小学校で教鞭をとった人物だ。

「血気の血が燃えてやむにやまれず翌年甲種幹部候補生を志願、入隊した」
「第二次世界大戦時には陸軍大尉として作業隊（工兵隊）の大隊長として終戦を迎えた」
（『帯中物語』）

草森は白鳥が凶弾に倒れた際も同窓会長の任にあった。幸震出身という土地柄は、白鳥が幼少期に父親が幸震駐在所に勤めた経緯もあり、目をかけられたのかもしれない。その草森に軍隊内で庇護されたことは事実のはずだ。

嶺野は世代的に白鳥と直接の面識はなかったが、高校卒業後、帯広市役所をへて北海タイムス記者に転身、長らく記者生活をつづけた人物だ。その後は帯広市議会議員に打って出て、最後は市議会議長を経験した地域の名士だった。

話を戻すと、白鳥一雄が中国に上陸したのは四〇年八月二〇日。以後二年間を広東省で過ごす。掃討《そうとう》作戦にも幾度か参加している。

一九四一年一二月、日本軍の真珠湾攻撃に合わせてイギリス領国境を通過、イギリス領九龍(香港)に入った。その後は体調不良のため入退院を繰り返す。翌四二年八月、九龍を出発、同年九月大阪港に上陸、その後、旭川で召集解除となった。

一〇年後、札幌で向き合う形となる村上国治も、同じころ、軍の予備兵として中国広東省で過ごしていた。この事実は何やら因縁めいている。二人とも体調を崩し、軍生活からリタイアした点まで似通っている。

ともあれ真珠湾攻撃を嚆矢《こうし》に日米開戦となり、翌年、召集解除となった白鳥一雄は警察組織に戻った。

このころ白鳥兄弟は北海道庁の同じ屋根の下でそろって勤務した時期がある。

一九四二年一二月発行の『北海道庁警察職員録』によると、同年一一月時点で、兄の一雄は北海道警察部の「外事課庶務係」、廣は「警防課企画係」で勤務した。兄弟の様子は職場で話題にのぼったはずだ。

一雄は巡査になって八年後、〝遅咲き〟といえる巡査部長へ昇任した。二年間の留学と二年半の軍隊生活が昇任が遅れた理由だろう。

一雄より三年早く巡査として採用された高松高男《たかまつたかお》の回顧録『我が七五年の歩み』によると、高松は巡査から巡査部長まで三年半しかかかっていない。

一雄は函館署などで勤務した後、一九四五年春、再び満州国に向かった。『北海道警察史』には、「昭和二〇年三月露語研究のためハルピン学院に派遣」の記載がある。ただし昭和一三年ごろの派遣については記載がない。

常識的に考えれば、二度目の満州入りは、現地公館など職務上の出向であった可能性が高い。弟の廣が書き残した個人的な回想録によると、「満州国哈尔浜市吉林街五八　日本内務公館内」の記載があるほか、白鳥家には「外務省の出先機関である領事館で武官として勤務した」との話が残る。

言えることは二度目の渡満から半年もせず、ソ連参戦という〝激変〟ともいえる事態に遭遇したことだ。

9　満州脱出

国文学研究資料館の加藤聖文《きよふみ》准教授がまとめた『海外引揚の研究』によると、満州引揚時、日本人は大きく「居留民」「非定住者」「開拓団」の三つに分けられた。

うち「居留民」は主に中小規模の商工業を営んでいた人びとで、「非定住者」は満州国官吏や国策会社の社員、関東軍の職業軍人など。白鳥一雄は仕事柄、「非定住者」の括りに入る。『海外引揚の研究』によると、当時の満州在住邦人一五五万人のうち、日本に引き揚げることができた一二〇万人以外に二五万人近くがソ連軍の犠牲となり、命を落とした（そのうち開拓団員の犠牲数は八万人）。

二五万人という数字は、実際は広島原爆犠牲者一四万、東京大空襲の犠牲者八万四〇〇〇、沖縄戦の民間人犠牲者九万四〇〇〇をはるかに上回る。終戦時の生死を分けた最たる場所が満州だったことになる。

ハルピン市人口八〇万人のうち、日本人は七万人を占めた。軍関係者や領事館関係者もいれば、開拓移民もいる。ハルピンといっても広大なエリアに日本人は点在していた。白鳥一雄の仕事は市の中心部でなされていた。

外務省内ではソ連参戦はないとの楽観的な見方が広がっていたというが、予測は見事にはずれた。

八月八日のソ連参戦から、満州国内の各都市にソ連軍が実際に到着する日時は都市によってタイムラグが生じている。ハルピンにソ連軍が入ったのは八月一八日、満州国の首都新京《しんきょう》（長春）へは八月二〇日前後だった。

ハルピンから六五〇〇人もの大部隊を日本へ帰還させた嘉悦三毅夫《かえつみきお》という部隊長がいた。ハルピン陸軍病院長を務めた人物で、ソ連参戦の報を聞き、すぐさま満州国首都新京の関東軍司令部に指示を求める伝令を送った。

だが現地に司令部の姿はなく、逃げだした後だった。情けない報告を耳にした嘉悦は自ら部隊全員の命を背負ったことを自覚する。後年記した手記『七〇〇〇名のハルピン脱出』（非売品）で、嘉悦は逃避行の様子を綴っている。

入院患者五五〇〇人（収容定員六〇〇〇人）、病院職員一〇〇〇人を日本に帰国させる責任を負う形となり、陸軍法規を無視して重大決断をする。

全体を四つのグループに分け、全員をハルピンから京城《けいじょう》（現在のソウル）・釜山《ふざん》経由で帰国させる大がかりな計画を立てた。

ソ連は同年五月くらいから、ラジオ放送で近々重大な行動をとることをにおわせていたという。そのため万一の事態に備え、病気快復した兵員を原隊復帰させず、独断で病院にとどめ置いていた。皮肉なことにその後は嘉悦の予想通りに展開する。

まずは列車の手配を開始した。病院には多くの患者が取り残されていたため、病人を先に帰せと要求する大義名分は立ちやすかった。

鉄道司令部のハルピン支社長（日本人）と談判し、渋る相手に認めないなら責任者としてこの場で自決すると迫り、自身の腹部を差し出すと、緊迫した様子に、相手は見て見ぬふりをすることで落ち着いたという。

八月一四日に第一陣の列車がハルピン駅を出発。残務整理を終えた嘉悦らを含む最後の第四陣が出たのが一七日。翌日にはソ連軍がハルピンに到着したというから、間一髪で逃れたことになる。

記録によると、列車の確保とともに苦労したのは機関士の手配だったという。日本人機関士はすでに一人もいなくなっており、やむなく満州人を雇い入れたが、多くは仕事をやりたがらなかった。混乱のさなか、無事に戻れる保証を確信できなかったからだ。報酬を奮発したものの、脱走する動きが絶えなかった。四六時中、見張りをつけるありさまだった。

四グループ合わせて七、八〇車両の大編成が組まれたという。

首都新京や奉天（瀋陽）を通る本線ルートをあえて使用せず、ハルピンから五常、吉林、通化《つうか》、輯安《しゅうあん》の支線ルートを使用した。満州国を抜け、日本領であった平壌《ぴょんやん》に入ってからは内心でほっとしたというが、実際は満州よりも北朝鮮地域のほうが反日感情が高まっていた。

北朝鮮領内を通過した三日後、三八度線地点で鉄道線路を剥がされる事態が発生した。これもぎりぎりのところで切り抜けることができた。京城を集合場所に決めていたため、八月二五日までに全員集結できたという。

一行はしばらく京城で臨時病院を運営、ほどなく釜山に移動する。

途中何度かソ連兵に問い質される事態があったというが、健康な軍人が多く残っていたため

〝強行突破〟で切り抜けた。最後は釜山港から博多《はかた》港に向け出航する。病人と婦女子だけに関釜《かんふ》連絡船を使用させ、元気な軍人らは臨時借上げの朝鮮人所有のポンポン船に分乗した。通常なら半日で着くほどの航路がこのときばかりは一週間もかかったという。九月中旬から下旬にかけ、船は事故もなく、順次、博多港に入った。

これらは正式な軍令に基づかない独断行動にほかならなかった。明確な証拠が残されているわけではないが、状況証拠からみて、白鳥一雄はこうした一行にまぎれて帰還した可能性が高い。

仮に満州国からの脱出が遅れていれば、ソ連軍に捕まり、軍関係や警察関係者は真っ先に銃殺されるか、シベリア行きの過酷な運命が待ち受けていたからだ。

『北海道警察史』によると、白鳥は一九四六（昭和二一）年五月、巡査部長から警部補に昇任、札幌署の警備渉外主任に命じられている。逆算すれば、戦後の早い時期に帰国していたことは明らかだ。

戦時記録によると、中国大陸の奥地ハルピンから迅速に帰国できたケースは、まとまって集団行動をとった場合に限られる。途中で鉄路を利用するには、ソ連軍が迫ってくる以前に移動していなければ不可能だった。

嘉悦列車とは別の、ハルピン郊外の七三一部隊が日本に帰国した隊員記録が著者の手元にある。『ソ連軍進攻から復員まで』（一九九五年）という大部のもので、その中にも同様の記載があった。

「昭和二〇年八月一五日終戦、この日より約二週間で本部隊員や家族及び関東軍司令部の家族などの三五〇〇名余りが帰国」
「八月九日～一四日　毎日二～三編成の列車は本部引込線より発車する。最終日の一四日は三編成最終の列車は、午後六時に発車する。ハルピン編成の最終列車は一五日に発車。こうして八月二〇日前後には釜山に、一部は馬山港へ到着」

七三一部隊の記録によれば、釜山から日本までは興安《こうあん》丸と徳寿《とくじゅ》丸の二つの連絡船が運行していた。うち興安丸は、帰国する朝鮮人を乗せて釜山に入港した船だった。米軍の船舶航行禁止令により、八月二四日から運休となっていたが、二八日以降、運行再開になったという。

「二八日より占領軍命令、仙崎《せんざき》―釜山間と博多―釜山間の航路航行許可により運航開始。九月二日の深川湾入港、仙崎上陸の便から引揚船となり、公式記録はこの日からとなる（中略）。他方、徳寿丸は以前から就航していた博釜航路就航のため博多港へ回航、九月六日釜山より博多入港から公式引揚げの第一船となる」（『ソ連軍進攻から復員まで』）

白鳥一雄がハルピン編成の列車で釜山まで南下したことはほぼ間違いない。弟の廣が書き残した個人的な回想録によると、一雄の帰国日は「九月二日」と手書きされている。

この日付から推測すると、釜山から仙崎港（現在の山口県長門市）経由で帰国した可能性が高い。

実際、嘉悦手記にも、病院関係者以外に外務省職員やさまざまな立場の日本人を〝途中乗車〟させるエピソードが頻出する。

ハルピンからの移動列車の中はぎゅうぎゅう詰めでトイレのスペースすらない有り様だった。小便はそのまま外側に垂れ流し、大便も袋に順送りに入れて列車から投げ捨てたというから、相当に窮屈な旅だった。

釜山では帰国船を待つ希望者が数万人単位で膨れあがり、何日か待たなければならなかった。一雄は九月二日、日本に上陸後、まもなく北海道に着いたものと推察される。

10　終戦直後の札幌

北海道に戻ると、GHQ（連合国軍総司令部）による日本民主化計画の第一歩が始まっていた。最初に実行されたのは特高警察の廃止であり、関係警察官の追放だった。

GHQは一九四五年一〇月四日、覚書《おぼえがき》を発出し、全国の警察首脳の罷免《ひめん》と全特高警察機関の廃止を要求した。

白鳥の所属する北海道警察部でも、特別高等課や外事課が廃止される。同時に原警察部長、中川特高課長、堀岡外事課長などの道警幹部、特高課、外事課に籍のある警察官らが〝一斉追放〟された。幹部三人に加え、警部一〇、警部補四二、巡査部長五一、巡査九六の計二〇二人が休職を発令された。突然のクビだった。

休職発令は覚書が出た一〇月四日を基準としたため、その時点で特高警察事務に従事した者だけが対象となった。特高業務に長年従事しながらたまたま他の部署に移っていた者は運よく免責された。一方で他の部署から特高業務に移ったばかりの者は対象となる不公平があった。

当時、巡査部長だった白鳥一雄は、このとき運よく追放から免れている。

外事警察は外国人対象の思想取締りを担当し、特高課とは表裏一体の関係にあったが、終戦間際、外地勤務となっていた白鳥は〝対象者〟としてカウントされなかったようだ。

北海道に残っていれば当然対象に入っていたはずだった。人生はどう転ぶかわからない。記録によると、当時の道警察部は総勢三三八七人。うち六パーセントが追放された。

『北海道警察史』は、「特に中級幹部の警部補に至っては二一パーセントの多きを数え、本道警察の損失は計り知れないものがあった」と記している。

職を追われた警察官らは、当局の配慮により、三〇数人が道庁職員に転職することが許された。中には開拓地に入って慣れない農業に携わり苦労する者もいたようだ。

そんな中、白鳥一雄は最も大きい札幌署の警備渉外主任として、公安警察官としての戦後のスタートをきった。

繰り返しになるが四六年春、白鳥は「警部補」に昇任。巡査部長昇任から実務経験二年以上で資格が生まれる警部補に二年半での昇任は早いほうといえた。

白鳥より三年早く北海道庁巡査となっていた前出の高松高男は、自身の回顧録に次のように書き残している。


「敗戦となるや特高警察官は全部公職追放となり、その職を失い後々まで年金等にも非常な不利益を受けたこと等を見ると、当時立身を願って特高に飛びついていなかったことが一生を通じて見るとプラスになった」(『我が七五年の歩み』)

終戦直後の警察行政は混乱を極めた。そのころ戦後の風潮を受け、札幌署内で労働組合をつくる動きすら出ていた。不満を持つ札幌署の外勤警察官が中心となって六五人が一斉に辞表を出す事件も発生した。『北海道警察史』では「五四人」と記述されているが、札幌署に二二〇人しかいない中のその数だから、署内に激震が走ったことは間違いない。

戦後の食うや食わずの混乱期で、平時とは様子が異なっていた。現職警官が強盗事件を起こし、身内で身内を逮捕する有り様だった。

せちがらい世相を横目に、白鳥は激変期の警察業務に邁進した。占領下の警察には米軍との密接な協力関係が求められた。

一九四八年三月、前年末の警察法改正が施行されると、日本の警察組織は国家地方警察と自治体警察の二つに分断された。

北海道警察も、国の予算で運営する地区警察（三五警察署）と、自治体予算で賄う自治体警察（七八警察署）に分離された。

白鳥一雄は自治体警察の配属となった。一方、弟の廣は国警《こっけい》だった。当時の状況を北海日日新聞の記者、奥田二郎は次のように書き残している。長くなるがそのまま引用する。


「警察制度の改革だが、二二年に自治体警察および国家警察の二本建という画期的改革が行なわれたものの、このアメリカ式新制度は実施二年目に早くも多くの批判を生み出した。北海道ではまず札幌市に国家地方警察札幌管区本部が置かれ、これが国警の総元締となり、その下に札幌、函館、旭川、釧路、北見の五方面隊、その下に全道三五の地区警があり、これが管下の巡査派出所を統轄した。また、自治警は発足当時七八市町村に設置されたが、二四年に八〇署となり、札幌に自治警連絡協議会事務局がおかれた。これはのちに自治警の国警編入反対の拠点となった」（『北海道米軍太平記』）

奥田はアメリカ式システムが導入された問題点を次のように指摘している。

「自治警の場合は何より市町村財政のひっ迫により人件費、施設新設費、捜査費でたちまちお手あげになった。それに大きな問題は捜査上の弱点である。国鉄全遞《ぜんてい》などの職場放棄、炭礦《こう》の保安妨害、列車妨害など相ついで発生する険悪な世情に対して自治警の弱小な警備力、捜査力では追いつかず、一方、平《たいら》市警の襲撃事件、広島の日鋼事件など国家的な非常事件にはまったく用をなさないことも判り、まず起きたのが各地の自治警返上論、国警との統合論などの声であった。しかも一部の自治警は街のボスのいいなりになり、警察協力会などといった看板のかげにヤクザまでも暗躍し、捜査の片手落ち、弱腰、弱い者いじめが目立って、世論もこの腐敗を非難するようになった。一つの事件でも国警の協力を拒否して小さなメンツをたてたり、別々の捜査目標の下に対立行動をとったりで、このシステムの欠点は日毎増長する如くであった」（同）

財政規模の小さな市町村では自治警予算の捻出が課題となったというが、札幌市のような大都市では不安は少なかったかもしれない。いまから振り返ると、典型的な〝二重行政〟だった。数年後、再び警察組織の一本化が図られたのは自然の成り行きだったといえる。

白鳥一雄は一九四八年三月、警察の機構改革とともに、札幌市警察署（自治体警察）の警備係長に昇進する。翌四九年三月、階級も「警部」へ昇任し、札幌市警の警備課長に収まった。

それから亡くなるまでの三年近く、札幌市警の警備課長として共産党対策などで几帳面なほどに辣腕《らつわん》を振るうことになる。

その間、国警との連携はなきに等しいものだった。そうした行政のすきまに、白鳥事件は発生する。

このころ国警と自治警で待遇差がうまれ、自治体警察のほうが給料が高いといった逆転現象も生じた。もともと国警と自治警の関係は良好とはいえず、国警から途中で自治警に転職していた高松高男は次のように記している。

「国警の上司にも相談したが今更自治体警察に行くことは無いではないかという意見が多く賛成してくれる人は一人もなかった」(『我が七五年の歩み』)

理由は定かでないが、高松は滝川地区警察署長などをへて国警を退職、即日、自治警に採用された。白鳥一雄の殉職後は札幌中央署の署長に就任している。白鳥事件とは縁の深かった人物といえる。

高松の場合、警部から警視までの昇任に三年を要した。白鳥一雄に当てはめれば、本人が殺害されていなければ、まもなく「警視」に昇任していたはずの時期だった。

プライベート面ではこのころ、一雄は両親の反対を押し切って結婚。二人の娘を授かっている。

入籍したのは四六年一一月一五日。親から反対された理由はわからない。

伴侶となったのは小樽近郊の積丹《しゃこたん》半島の漁村、美国《びくに》町で生まれ育った石川キリという女性だった。小柄でさばさばとした性格の持ち主だったという。

二人がどこで知り合ったかはわからない。一雄の初任地が小樽であったことからすると、早くに知り合っていた可能性がある。

末弟の守は、母親のキクが「(一雄は)すごいロマンスのもとに結ばれた」と語っていたのを記憶する。

帯広中学二三期生で帯広市議会議長を務めた前出の嶺野侑は、『記念誌』の座談会で次のように語っている。

「最近あちこち講演をしているのですが、警察官にも今まで四回講演しました。必ず七期生の白鳥事件の白鳥一雄警部の話をするんです。そしたら終ってから反応がありました。『白鳥事件については、私達は警察学校でいろいろ学びました。でも帯中の出身だとは知りませんでした』と」

「白鳥警部というのは変な政治家よりも永遠に歴史に残る柏葉の同窓生の一人です。まだまだそういう知られざる人が沢山います」(『柏葉　全日制九〇周年・定時制六〇周年記念誌』)

帯広市で勤務する警察官にも、白鳥一雄が帯中出身であったという事実はほとんど認識されていなかったという証言である。

白鳥一雄は米軍占領下の日本が独立を果たす三カ月前、〝新生日本〟の姿を目にすることなく事件に巻き込まれた。

第三章　白鳥事件の発生

70年後の犯行現場（2022年1月21日撮影）

1　雪国のテロ事件

一九五二年一月。札幌。三〇代半ばの男が家路を急いでいる。

勤務先の札幌中央署から官舎までおよそ五、六キロの道のり。舗装されていない道には雪が積もっている。

給料日だったせいか、幼い娘たちのことが気にかかっていた。自転車のペダルを踏む足にも力がこもっている。

一年前、男は産後の肥立ちの悪い妻を病気で失う不幸に見舞われていた。残された四歳と一歳になったばかりの二人の女児の面倒をだれが見るのか、苦悩は絶えなかった。

男の母親が思案した結果、以前から一家に出入りしていた亡き妻の妹・敏枝《としえ》に白羽の矢が立った。本人を説得し、姉より四歳若かった妹が〝後妻《ごさい》〟に入ることを承諾してくれた。幸い二人の子どもたちも懐《なつ》いていた。男にとって二度目の新婚生活はまだ半年しか過ぎていない。

この日、家路を急ぐ男の後ろを追いかける自転車があった。一キロ以上執ように追跡した。上から眺《なが》めたら、二台の自転車は競争しているように見えたかもしれない。

両脇にはき寄せられた雪は塊となっている。雪の少ない年だった。

歓楽街「すすきの」から遠くない南六条西一六丁目付近（現在の札幌市中央区）。突然、二発の銃声が鳴り響く。夜七時四二分のことだった。

先行の男は少し走ってそのまま地面に崩れ落ちた。辺り一面におびただしい鮮血が血だまりをつくる。後で調べると、背中から入った一発の銃弾が体内にとどまっていた。

後ろの男は何事もなかったかのようにしばらく直進し、自転車をひょいと持ち上げ、側道を左折した。

この事件は犠牲者の姓を用いて、一般に「白鳥事件」と呼ばれる。

発見者となった通りがかりの住民は当初、酔っ払いが寝ているものと勘違いした。ピストルを使った殺人事件らしいとわかると辺りは騒然としだした。

駆けつけた警官が人定すると、所持品から同じ警察官とわかった。札幌市警警備課長の白鳥一雄警部らしいことも判明した。

遺体は近くの大学病院へ運ばれたが、すでに事切れていた。

夫人が病院に駆けつける様子を、北海道新聞の社会部記者が目撃している。

警察詰めの記者が〝夜討ち〟に出ようとしたとき、顔なじみの署員から事件発生を知らされた。病院まで追ったところで夫人と出くわし、被害者が警備課長であることを認識した。警官銃撃のニュースは、その日のうちにラジオの最終放送に入れられ、全国に発信された。

日本共産党が組織的なテロを開始してまもなく、早くも〝手柄争い〟の状況が生まれていた。

一撃目の〝テロ〟は一カ月前の一九五一年一二月、東京練馬区内の警視庁駐在署員が何者かに集団撲殺される惨劇として起きていた。警官殺しとしては二例目となる事件だった。

この事件は「白鳥警部射殺事件」と称するのが正確と思われるが、日本の警察組織が威信をかけて犯人逮捕に取り組むことになった事件として特筆される。

最大の特徴は、犠牲者が共産党員を取り締まる警備部門の現場責任者だったことだ。その事実は、日本共産党と対峙する形となる全国の警察組織を震撼《しんかん》させた。

今も警察の門をくぐる者で白鳥事件の名を耳にしない者はいない。警察学校で過去の重要事件として叩きこまれるからだ。

翌日付の地元紙・北海道新聞は、社会面トップで警部の顔写真入りで事件を報じた。夜に発生した事件だったが朝刊で詳報するのは新聞製作でいえばかなりの慌ただしさだったはずだ。東京でも二二日付の朝刊各紙で報じられ、中でも毎日と読売は顔写真入りで掲載した。

そこから首謀者の逮捕、刑事裁判の決着まで、二三年の長きを要した。その間、摘発する側と、日本共産党を中心とする革新勢力・支援者らがぶつかり合う時代がつづいた。

犯行現場となったのは、市電「南六条」駅（現在の「西線六条」駅）から一〇〇メートルほど西に行った「南六条西一六丁目」付近の路上。後に摘発されることになる党員の追平《おいだいら》雍嘉《やすよし》は、犯行現場を次のように伝える。

「犯行の場所である南六条通りは、一、二の商店を除いては、平屋または二階造りの住宅街で、夜は人通りもまばらで物寂しいところだ。三米おきに外灯《がいとう》がついていて薄暗いが、五、六メートルはなれた人の顔は雪あかりでわかる程度だ」（『白鳥事件』）

現在この通りはマンションが立ち並ぶ住宅地へと変わっている。当時はさまざまな店がひしめくにぎやかな一帯に近かった。白鳥事件から一六年後に発行された『北海道警察史』に、次の記載がある。

「札幌市南六条西一七丁目路上において、自転車で通行中の白鳥警部が、背後からけん銃弾を射ち込まれて殉職した。これが『白鳥事件』といわれ、警察の必死の捜査により、日本共産党の軍事方針に基づくテロ行為であることが明らかにされ、主犯村上国治ほか二名が有罪となり、下手人の佐藤博《ひろし》ほか四名は未逮捕で、現在も捜査続行中のものである。（中略）……なお、白鳥警部は即日警視に任ぜられ、勲七等瑞宝章が授与された」（『白鳥事件』）

前出の追平雍嘉は、白鳥一雄の人となりを次のように描く。

「ふだんはもの静かな物腰と端正な容貌は、この憎しみが青白い炎のようにもえ上るにつれて狂暴の相をおびることがしばしばあった。党員達が彼を断圧の先頭に立つ凶敵としたのも当然であった。だが、彼の死後、党員達が彼の私行について投げかけたあらゆる疑惑とひぼうは根も葉もないことであったようだ。彼は酒をたしなまず、素行も悪くはなかった。死体の解剖の結果をみても胃袋の中にはその直前に飲食されたと思われるものは何物もなく、血液中には一滴のアルコールも検出されなかった。上衣のポケットには、その日もらったばかりの一万六一五〇円の月給が手つかずのまま収められていた」(同)

白鳥一雄はこのとき三六歳だった。

2　七〇年後の現場

事件から七〇年たった同じ日の同じ時刻、私は犯行現場に立ってみた。

日本共産党創立一〇〇周年の年と重なる二〇二二年の札幌は、例年より降雪が多く、側道には数十センチの雪が積まれていた。時折人が通るくらいで辺りはだれもいない。日はとっくに暮れていたが、意外なほどに明るく感じられるのは、LED電球に替わっているせいと思われた。二〇二〇年初頭に始まった新型コロナウイルス禍の渦中にあった時期だ。気温は零下を二度ほど下回っているが、一月の札幌としては温かいほうだろうか。

七時四二分――。そう考えながら、事件発生と同じ時刻に現場で黙とうを捧げた。札幌の市街地「すすきの」からタクシーで一〇分ほどの場所。

白鳥警部は東から西に向けて自転車で走行中だったが、追走した男も同じ経路をたどった。二人はどの地点で〝合流〟したのか。

警察庁警備局がまとめた『戦後主要左翼事件　回想』によると、「札幌市南四条西五丁目を自転車で帰宅する白鳥課長を発見し、市内南六条一七丁目まで追尾して…」とある。

白鳥警部を発見して狙撃するまで、地図上では一・五キロほどの道のりだった。この日、実行犯の佐藤博が標的にしていた白鳥一雄をマークしていたことは明らかだ。

佐藤は数日前にも、同じ計画を実行しようと試みて、失敗していた。

『回想』には、「一月一六日、市内南四条西六丁目の当時の西創成《そうせい》小学校付近で同課長を発見し、狙撃」の記載がある。日付が正確なら、犯行日の五日前に最初の犯行がなされていたことになる。

佐藤は背後から引き金を引いたが、そのときは「けん銃の腔内にグリスが多かったため発射せず、未遂に終わった」（『回想』）。

一回目の犯行現場は、資生館小学校（旧西創成小学校）のそばというから、「すすきの」の繁華街により近かった。

このとき無念の思いにかられた佐藤は、首謀者・村上国治の前で、男泣きに泣きじゃくったとされる。

「革命」という理想を胸に、当時の青年がどれほど真摯に行動していたかを示す証左だった。そのときの彼らにとっては、この世から白鳥警部を〝消す〟ことこそが〝革命への道〟にほかならなかった。

歴史のイフにすぎないが、佐藤が一回目で〝既遂〟に達していたら、目撃されずに逃亡できた可能性は低い。二回目の現場より、人通りの多い場所だったからだ。

もし佐藤が速やかに検挙されていたら、「白鳥事件」の展開も大きく変わっていたはずだ。日本共産党が全党あげて「無罪運動」を展開する余地も生じなかったと思われる。だがそうはならなかった。その意味からも、一回目の失敗は、事件に大きな影響を与えたといえる。

犯行翌日、党員同士で面識のあった追平雍嘉は、佐藤が犯人である可能性を疑い、佐藤を直接訪ねて問いただした。その際、どうやって撃ったかなど、重要な事実を本人から耳にしている。

「私は、ピストルは両手で握って引金を引くと必ずあたる、という話を前に誰かに聞いていたし、又自転車の上からのったままピストルをうつのはどうやったか非常に興味があったので『どうやって撃つんだ』と言うと、ヒロは『うしろからペダルをとめて手拭《てぬぐい》(?)につつんだまま出してうしろからうった』『しばらくそのまま走っていたが、ガクリとした』といっていた」(『白鳥事件』)

走行しながらペダルを止めた状態で、標的を定めて引き金を引いたという。訓練なしにはできない芸当だった。佐藤は事前に何度も予行演習を重ねたはずだ。

犯行に用いられたブローニング銃は、その後発見されないまま捜査終了している。自転車も未発見のままだった。

後日談によると、犯行に使われたブローニング銃は、佐藤の手を離れたあと、別の協力者の手をへて近くの畑に埋められたとされる。使用された自転車は民間のものではなく、札幌東署(現在の白石署)に置いてあった車両を勝手に運び出して使用したものといい、その後秘かに返却されたという。そのため警察側は気づくことがなかったとされる(『亡命者　白鳥警部射殺事件の闇』)。

佐藤博は現場職人のポンプ工。村上国治と同じく、戦争を体験した世代だった。その意味で銃の引き金を引くほどには肝は据わっていた。

佐藤を補助したとされる鶴田倫也《みちや》は、北大出身のインテリで、行動力を兼ね備えた男だった。二人は学生と労働者という異なるカテゴリーの党員だったが、革命を夢見る同志だった。彼らの感覚からすると、大義を前に、邪魔者を一人〝消す〟感覚だったと思われる。

人命よりも革命の理想を上位の価値とする思想は、九五年のオウム真理教による大量殺人事件でも取りざたされた。白鳥事件に関わった若者たちとの共通点が注目されたからだ。

警察組織にあって、身内を殺される事態は最悪だった。逆転勝利には、犯人検挙が至上命題となった。

事件をきっかけに全警察の威信をかけた捜査が始まる。当初は見込み捜査と誤認逮捕を繰り返し、暗礁に乗り上げたように見えた時期もあった。

主謀者の村上国治が逮捕されるのは、事件から八カ月後の一〇月一日のことである。

3　加害者側の証言

私が白鳥事件の〝生き残り〟の当事者と最初に会ったのは五年前（二〇一八年）にさかのぼる。事件から六六年をすぎた時点だった。

『北海道警察史 昭和編』にあるとおり、白鳥事件の犯行に直接関わった人物は数名にすぎない。「下手人の佐藤博ほか四名は未逮捕」とあるように、最重要の実行犯・佐藤博のほか、ほう助した鶴田倫也、中核自衛隊長の宍戸《しど》均、大林昇、門脇戌《かどわきまもる》の四人は国外逃亡し、うち三人は望郷の念を募らせながら中国の大地で亡くなった。

「主犯村上国治ほか二名が有罪となり」とあるのは、日本国内にいて逮捕・起訴され、刑事裁判の被告人席に座らされた者たちを指す。

懲役二〇年の村上国治のほか、犯行の準備段階に関わった高安知彦《たかやすともひこ》、村手《むらて》宏光のことだ。この二人が行ったのは白鳥一雄の行動を観察するための動静調査（尾行と監視）にすぎなかった。

逮捕後に全面自供に転じた党員は佐藤直道《なおみち》、追平雍嘉、高安知彦の三人である。いずれも事件の重要証言者となり、村上有罪の根拠となった。

彼らは党の犯行を信じたくない者や真相解明を阻《はば》みたい関係者から〝裏切り者〟の烙印を押され、「哀れな特捜《とくそう》の飼い猿」「検察側の哀れな飼犬」（山田清三郎著『小説白鳥事件①』）など、動物に例えた辛辣な言葉で攻撃された。共産党側からまともに人間扱いされなかった。

当時の同党は事実関係に関わりなく、「裏切り者は敵」の階級論理で徹底されていた。自分たちの組織を「守る」ことがすべてに優先された。

私が白鳥事件の取材を始めたころ、現存する中核自衛隊員はすでに高安知彦一人となっていた。二〇一八年秋の深まる頃に札幌市西区の自宅を訪ねた際、高安は一軒家で妻と二人で暮らしていた。当時八八歳。火鉢《ひばち》にあたりながら、取材に応じてくれた。事件から半世紀以上すぎた段階ながら、概略における記憶ははっきりしていた。

刑事裁判の審理にあたり、白鳥殺害の謀議がいつどこで行われたか。事実を確定させる作業が不可欠となった。

だが事実関係は固まらないまま、無罪説を主張する共産党にとって有利な展開が生まれた。非合法時代をひきづった活動で証拠を残さないことが鉄則となっていた時代、メモや手帳があるはずもなく、すべて記憶をもとに進められた。後になって、どの日にどの場所で何を話し合ったかを確定させる作業は不可能に近かった。そうした経緯を踏まえ、高安は概要次のように説明した。

「当時は証拠を残さないように行動していました。記憶を頼りに、注意を払って行動していました。いつどこでだれと何を話したかなどは思い出そうとしても、後になって正確に日時や場所を特定することは困難でした。(立証に) 不利な事情があったことは確かです」

裏を返せば、細かな点において幾ばくかの齟齬《そご》が生じたにせよ、現実に白鳥警部殺害のための謀議がなされ、それをもとに実行されたことは動かない事実と強調した。

例えば、日本共産党の創立記念日は建前上は一九二二年七月一五日となっているが、実際はその日に結成されたかどうかは疑わしい。記録を残さない中で活動を続けた非合法時代の名残りとして、学説的に結論が出ていないのと似ている。

高安は自分たちのリーダーであり、事件の責任者だった村上国治についてこう述べた。

「この事件がなければいい関係が続いたかなと思うこともあります。人懐こく、気さくでいい人物でした。裁判では敵と味方に分かれ、激しく対立しました。国治が網走刑務所を出てしばらくたってから人を介して会いたいと言ってきたとき、私は論争になるものと身構え、約束の場所に出向きました。ところが事件の話は一切せずに、懐かしい昔話ばかりで終わりました。国治はすべてをわかった上で、行動していたのだと思います。今から思えば、彼も(共産主義の) 犠牲者でした」

高安にとって、自らの人生を狂わした張本人であったのに、村上国治のことを悪く言わない口ぶりが印象に残った。

その後、高安は体調を崩し、入退院を繰り返した。新型コロナウイルス禍に入ると生死をさまよい、何度か乗り越えた。二〇二三年一月、小樽市の病院で九二歳で他界する。

北海道新聞社がまとめた『証言　北海道戦後史』は、ゆうに八〇〇ページを超える二冊の書籍だ。「講和条約前後」という章に「『白鳥事件』記者の証言」と題する項がある。

事件発生時、社会部記者を率いたキャップの阿部隆次記者が次のように回想している。

「なにしろ、モチ代よこせの座り込みデモの主役になった自由労働者が組合旗のサオの先端に三寸クギを打ちつけていたとウワサされるほど、緊張していたときでしたからね。白鳥氏自身は仕事熱心だが、冷血漢では決してなかったことは断言できる。酒も飲まぬほうで、口数少ないが仕事一途の静かな性格だったな……。ゴボウ抜きなどの時は先頭になってやっていたからどうしても目立ち、それだけ憎しみを買ったんでしょうね。事件が起きてすぐ国警、市警合同の捜査本部が出来、しかも白鳥事件そのものの解明には相当の年月を必要とした。捜査の進め方、これについてはいろいろ言われている。しかし、これは僕の長年のサツ記者の感覚でいえば、スジとしては間違っていないしよくやった、とみます」（『続・証言　北海道戦後史』）

さらに部下の一人は白鳥を次のように評している。

「仕事には厳しかったが、情愛の深い上司であった」（『回想』）

白鳥一雄の人物像については、口数が少なくまじめな人柄であったというものが多い。二つ年下の弟（白鳥廣）も、兄が「親思いで家族思いであった事実」を新聞記事の中で語っている。札幌の共産党員から目の敵にされた一雄だったが、家庭に戻ればどこにでもいる子煩悩な一人の父親にすぎなかった。「毎日役所から帰宅の際必ずガム一個宛でも子供にお土産を買ってくる人でありました」。妻の敏枝はそう検察調書に残している。事件からまもないころ、敏枝の母ヨシは、読売新聞の取材にこう答えていた。

「朝日を覚ますとすぐ歌をうたって起きるとても朗《ほが》らかな人間で、出勤するまで子供たちと遊んだりしてとてもよいお父さんでした、それなのにこんなことになるとは…」（読売新聞北海道版・一九五二年一月二三日付）

4　衆院特別委の調査

白鳥一雄の訃報は妻の敏枝だけでなく、両親が住む芽室《めむろ》町にも急報された。末弟の白鳥守は、その知らせを電報で受け取ったと証言する。

「冬の寒い日でした。テレビもない時代です。だれか男の友達が来てて、ストーブを囲んで雑談していたときだったと記憶しています。突然、『でんぽー』という甲高い声が響きました。夜の夜中ですよ。『札幌のアニキが撃たれて亡くなった』。一家中で泣き叫んだのを覚えています。両親だけが翌朝、汽車で札幌に向かいました。僕らは子どもたちだけで芽室の家を守ったので葬式には出ていません」

両親は翌日の列車で札幌へ向かったまま、一雄の官舎に詰めて「ずいぶん長いこと帰ってこなかった」と振り返る。

次男の廣はこのころ国警の函館警察署に勤務しており、兄と同じく警備畑で働いていた。兄弟ともに〝警部〟の階級で、廣は警備課長補佐（警備部）という肩書だった。当時の新聞記事に次のようにある。

「白鳥警備課長の兄弟はそろって警察官で、実弟広氏も警部として国警函館方面隊警備課公安課長補佐を勤めているが、凶報に二二日午前一〇時二〇分函館発で轟警備課長に付添われて急ぎ出函した」（読売新聞北海道版・一九五二年一月二三日付）

事件から三日後、白鳥一雄の葬儀は札幌市内の曹洞宗寺院、中央寺で執り行われた。朝日新聞には、「市民の涙をさそう　白鳥課長の警察葬」の見出しが見える。記事をそのまま引用する。

「射殺された札幌市警本部白鳥警備課長の警察葬は、二四日午前九時一五分から富田市公安委員長が葬儀委員長となり南六条西二丁目中央寺で行われた。斎藤国警本部長はじめ弔電約二〇〇通があり、一般会葬者約七〇〇名が式場を埋め、仏前には田中知事、高田市長ら地元名士や木村法務総裁、斉藤国警長官はじめ関係者の花輪が飾られた。同一一時二〇分札幌警察校の葬送曲で出棺、敏枝夫人（二九）に連れられた遺児一枝ちゃん（五才）道子ちゃん（二才）のいたいけな喪服姿が門前に早朝からつめかけた市民の涙をそそった」（朝日新聞北海道版・一九五二年一月二五日付）

花輪を寄せた斉藤国警本部長官はそれから五日後の一月二九日、空路来道した。捜査本部を訪れ、事件現場を自分の目で確認している（朝日新聞北海道版・一九五二年一月三〇日付）。

二六日には当時の政権与党・自由党の総務会で、この事件に関する発言が飛び出した。国会として調査研究の必要性を求める要望が出され、衆院の法務委員会と行政監察特別委員会が理事会を開き、現地に委員を派遣して調査することを決めた。

二月に入ると、衆議院行政監察特別委員会「白鳥事件調査団」と称する一行四人が来道する。二日午後一時から事件現場を視察したあと、札幌市内の円山《まるやま》山麓にあった白鳥一雄宅を個人の立場で訪問、遺族に弔意を表した（読売新聞北海道版・一九五二年二月三日付）。官舎を弔問した際の写真が同日付の朝日新聞（北海道版）に掲載された。

調査団は二日間の日程を終え、国警札管本部で記者会見を行った。二日午後五時から始まった会見で、衆院議員四人で構成する調査団から、「白鳥事件は明らかに日共の背後関係ある行為との結論に達した」との表明がなされ、以下の談話を発表する。

「調査は二日間にわたり各角度から行った。今回の事件発生を刺激したのではないかとみられる年末の札幌市役所における日雇労務者の座り込み、豊平に起きた反米ビラ事件の関係者など一一人の検挙については市警の報告、高田市長の証言をくわしく聞いたが、当局側に手落ちはなく、また白鳥課長には個人的な怨恨をうけるような事実のないことも判った」（北海道新聞・一九五二年二月三日付）
「今回の事件は自由労務者、北大細胞などが中心になって昨年（＊一九五一年）夏ごろしつようにくり返していた反米闘争に端を発し、尾谷その他の釈放デモから脅迫文書の投げ入れ、

投石事件、白鳥事件と発展してきたものと思われる」(同)

さらにこう続ける。

「昨年(＊一九五一年)日共が行った五全協の軍事方針が押し出されたとみられる点もあり、個人か、組織の犯行かということは判然としないが、日共の背後関係ある事件だということは調査団の一致した意見だ。一月七日の警察官にたいする党の宣言も無視できない。日共の背後関係あるテロ行為であることを見逃して事件解決のカギはない」(同)

事件の全貌が確定した現在からすると、前述の道新記者の回想に見るまでもなく、スジ読みとしては正しかった。個人の犯行か組織の犯行かが「判然としない」のは、事件から二週間しかたっていない段階では致し方なかったといえる。

5　国会報告

衆議院で国会報告がなされたのは事件から一カ月以上すぎた二月二五日のことだ。午後二時四〇分から始まった行政監察特別委員会で、調査団の団長である篠田《しのだ》弘作《こうさく》が五つの項目にわけ、報告した。

札幌における一九五一年一〇月以降の日本共産党に関する出来事が網羅的に説明された。時期的には村上国治が札幌委員長として赴任した〝以降〟に相当する。

報告では、白鳥事件について、同党が五一年一〇月に策定した「五一年綱領」に根差して行った事実をあらためて指摘。さらにこう締め括った。


「白鳥事件前後の札幌における日共の動きは、新綱領によって一切の闘争を暴力闘争に向け、ひたすら驀進《ばくしん》する日本共産党の本体を現わしたものと断定せざるを得ないのであります。白鳥事件は必ず日共の煽動あるいは日共分子によって起ったという断定を下すことに、調査委員は意見の一致を見た次第であります」


篠田は旧北海道四区選出の衆院議員で、苫小牧市などを地盤としていた。

だがこの報告に猛然と噛みついたのが日本共産党の山口武秀である。山口は一九三三年に共産党入党後、通算六年の獄中生活を送るなかで戦中、転向し、社会大衆党に移籍した人物。その後四九年に再び入党していた。

山口は内容があまりに一方的であると断じ、審議は荒れ模様となった。山口が「共産党に対する反対宣伝だけがこの内容」と声を張り上げると、傍らから椎熊《いのくま》三郎のヤジが飛んだ。

「だからといって、人を殺してもいいという理由になるか」

椎熊も北海道選出の保守系議員。最後に別の共産党議員、竹村奈良一が抗議の発言を行った。今回の調査が警察や検察などのみを調査していて、労働者側の調査を行っていない旨を指摘した。篠田は全く調査していないわけではないと苦しい説明を行ったが、肝心の労働者はみな逃亡していて会えなかったと答えた。

このころの共産党は戦後拡大期のピークにあって、衆院で三五議席を占めていた。この委員会でも複数の議席を得ていた。

別の保守系議員、田渕光一は、柄沢《からさわ》とし子が調査団より早く北海道へ渡り、独自に調査を行っていた事実を暴露した。

柄沢は北海道選出の共産党議員。戦後最初の衆院選で当選した〝初当選五人組〟の一人である。調査団の責任者、篠田弘作と同じ旧北海道四区の選出だった。田渕はこう述べる。

「二月一日本員らが札幌に到着いたす前に、共産党議員の柄沢議員が、すでに北海道に議長の許可もなく国会開会中に行っております。そして北大細胞の青木武雄というのをあたかも自分の秘書のごとくつれまして、団員を宿舎に二月二日の早朝たずねて来ております。一日の夜は九時まで待ったと言っております。そうして三日も四日も柄沢君はこの北大の細胞青木武雄君をつれまして、つぶさに北海道を調査して、そういうことはすでに共産党において十分内容も検討されておると思うのでありまして、今日まで彼らが黙っておったというのは、みずから自認したからであります」

国会では共産党の犯行と決めつける者、真っ向から否定する者とが入り混じる〝政争の場〟と化していた。

6　朝鮮戦争と日本共産党

話は一九四五年秋にさかのぼる。焦土と化した敗戦直後の日本にマッカーサー司令官が降り立った。北海道にも米軍が上陸した。

一〇月一〇日、獄中に拘束されていた日本共産党幹部たちは一斉に釈放され、徳田球一《とくだきゅういち》や志賀《しが》義雄など〝獄中一八年〟の猛者たちも、大歓声の中、解放された。網走刑務所にいた宮本顕治《けんじ》も釈放されたが、時期的に少し遅れている。

中国からは野坂参三《のさかさんぞう》が凱旋帰国した。終戦直後の同党は、徳田球一、野坂参三、志賀義雄の〝三頭体制〟となったが、中でも徳田のアジ演説は有名で、大衆の感情を揺さぶった。

戦後間もない選挙で同党が議席を増やすことができたのは、ひとえに徳田の力による。一方このころの宮本顕治は党内では非主流派に甘んじていた。

徳田は四五年一二月一五日、戦後初となる北海道地方大会で演説するため札幌を訪問、道内各地を回った。

白鳥一雄はこのころ、札幌署の警備渉外主任として、パンパン（在日米軍将兵を相手にした街《がい》娼《しょう》）の一斉検挙や狸小路《たぬきこうじ》（札幌市中心部の歴史ある商店街）を我が物顔で占拠していた外国人の適正化計画など、地元警察の立場で懸命に治安維持に取り組んでいた。

札幌市警の警備課長に就任するのは四九年三月。同年八月、札幌市警察署は、札幌市中央警察署へと名称を変えた。

ちなみに一九四九年は国鉄（現在のＪＲ）がらみの不審事件が頻発した年として歴史に刻まれる。

七月六日に国鉄総裁が轢《れき》死体として発見された「下山《しもやま》事件」が発生。翌週には東京・三鷹《みたか》駅構内で無人列車が自然暴走し、死傷者を出す「三鷹事件」が起きた。

八月には、福島県で列車脱線転覆致死事件（「松川事件」）が起こり、日本共産党員らが重要容疑者となって社会的関心を集めた。

同年秋、村上国治は留萌委員長に抜擢され、かの地で活動を始めている。

同党に〝激震〟が走るのは一九五〇年に入ってすぐのことだ。矢は「身内」のはずの兄弟党からもたらされた。

コミンフォルム（共産党・労働者党情報局）機関紙で、日本共産党の革命スタンスの甘さを批判する文章が掲載されたからだ。

当時は野坂参三を中心に暴力革命路線は機が熟していないとの認識が根強くあったが、ソ連や中国は直近の中国革命の成功から、日本にも中国方式のパルチザン（一般民衆によって組織された非正規軍）作戦を求める傾向が強かった。国際共産主義運動の最盛期で、ソ連共産党と中国共産党の発言力は絶大だった。

日本共産党最高幹部の徳田球一や野坂参三はコミンフォルム声明に独自の〝所感〟を発表し、日本には日本のやり方がある旨の反論を行ったため、彼らは「所感派」と呼ばれる。

一方、宮本顕治や志賀義雄らはコミンフォルムの主張に当初から〝同調〟する姿勢を見せ、「国際派」と呼ばれた。

ソ連や中国の発言力が強く、共産主義の拡大は国際運動の一環として行われた。宮本らは国際的権威に逆らうことをよしとせず〝従うべき〟との意向をもっていた。

その結果、徳田ら党内主流派と真っ向から対立する流れが形成された。分裂を決定づけたのが、同年六月に勃発した朝鮮戦争だった。

朝鮮半島を舞台に、資本主義陣営と社会主義陣営のイデオロギーに基づく争いが顕著になった。

日本共産党の分裂した一方の、宮本ら反主流派がソ連のスターリンなどから「分派」として名指しされ、党主流派に戻るように勧告されるのは翌年（一九五一年）のことだ。宮本らは自己批判書の提出を余儀なくされ、提出した後、次々と党に戻った。つまり同党は一年ほど完全に二分され、双方で互いを「分派」と罵りあう批難合戦を繰り広げた。

このころソ連や中国から「分派」と直接名指しされ、主流派の党に戻るように命じられたのはまぎれもなく宮本顕治などの「国際派」だった。徳田・野坂らは党の主流派（多数派）であり、中でも徳田は党首（書記長）の立場にあった。

党が分裂する前の最後の党大会となった第六回大会（一九四七年一二月）で採択された党規約第七条には、次のように規定されている。

「厳格な党の規律。**少数の意見は多数の意見に従わなければならない**。討論は自由であるが、一たん決ったことには直ちに従って決定の通りに実行しなければならない」（『日本共産黨綱領問題文献集・下』青木文庫。太字は著者）

この規定と同様の内容は、その後、宮本顕治が実権を握る時代になっても残った。五八年採択の党規約（第一四条）に次の規定があったからだ。

「**党の決定は、無条件に実行しなくてはならない**。個人は組織に、**少数は多数に**、下級は上

級に、全国の党組織は、党大会と中央委員会に**したがわなくてはならない**」（太字は著者）

これらはコミンテルン（国際共産党）加入条件二一カ条の一つに定められていた「民主集中制」の具体的な規定にほかならなかった。現在の同党規約では二〇〇〇年に削除されているが、それまでは明文的に存在した。「鉄の規律」であるはずの民主集中制の原則からすると、多数意見は、日本共産党においては今も昔も絶対だ。

その後、党内主導権を握った宮本らは史実を都合よく捻じ曲げ、事実と正反対の歴史が語られるようになる。国際的評価の上では「分派」にすぎなかった彼らが、まるで「主流派」であったかのように〝虚偽の演出〟を始めたからだ。その状況は立党から一〇〇年すぎた今も変わらない。

7　宮本の再合流と新綱領採択

五〇年六月、朝鮮戦争が勃発する半月前、日本政府は共産党最高幹部二四人の一斉追放に踏み切った。これにより同党は合法的活動が不可能となり、戦前と同じく一斉に地下に潜った。潜ったのは主流派である「所感派」の幹部たちだった。一方で分裂する形の宮本ら「国際派」は置き去りにされる格好となった。

徳田球一や野坂参三らは党専用の密航船を使って中国へ渡り、北京に亡命本部（いわゆる「北京機関」）をつくった。そこから日本の地下組織に指令する方式をとる。日本側の中心者となったのは志田重男《しだしげお》（中央軍事委員長）、徳田球一の手足となっていた伊藤律《りつ》もしばらくは日本に残っていた。

二四人に逮捕状が出たころ、白鳥一雄は札幌市警の警備課長と札幌中央署の警備課長を兼務する立場にあった。前者の警備課長は札幌市警察局のポストであり、「自治警」における札幌の警備部門責任者といえた。

後で判明することだが、白鳥は分断されていた国警はおろか、身内の自治警においてさえ、内部の横の連携を欠いたまま仕事を続けていた。各種の情報共有を図らないまま、独自に活動していた。

一九五一年一月、宮本顕治の妻であった党員作家・宮本百合子《ゆりこ》が五一歳の若さで逝去する。宮本が戦前戦中から獄にあるときは差し入れを欠かさず、模範の党員妻とされた女性だ。あまり言及されることもないが、宮本百合子が没した一月二一日のちょうど一年後、白鳥事件は起きている。

一九五一年二月、主流派の主導により第四回全国協議会が隠密裏に開催された。このとき正式に軍事方針を決定。前年一月のコミンフォルム声明を受け、日本共産党はそれに従う形となった。

その上で新綱領が策定される。原案はソ連のスターリンによるものとされ、日本の警察内部でも「スターリン綱領」と呼ばれた。ソ連に招へいされた徳田球一らとスターリンが直接協議し、受け入れたとされる。中国共産党も関与した。

「日本共産党の当面の要求」と呼ばれる日本共産党の最初の綱領となった「五一年綱領」は、こうした国際的関与のもとで出来あがった。

「五一年綱領」は、文中に「日本の解放と民主的変革を、平和の手段によって達成しうると考えるのはまちがい」との文章を含んだことで、暴力革命を呼びかける綱領とみなされた。

新綱領は五一年夏、党機関紙上で言及され、同年一〇月の第五回全国協議会で正式に採択された。

同年夏、宮本ら「国際派」の幹部がスターリンから日本共産党内の〝分派〟と名指しされ、主流派に戻るよう勧告されたことは既述のとおりだ。宮本らは分派活動を停止し、みずから自己批判書を提出して党に戻った。その上で開かれたのが第五回全国協議会だった。つまり「五一年綱領」の採択時、形の上では党は〝統一〟を果たしていたことになる。

この協議会について、「所感派」だけの正常でない中央委員会で採択されたとの批判が今も残る。だが当時の多数派だった〝主流派〟を中心に採決された綱領だっただけに、手続き的には「有効」のはずだった。

実際、党に戻った後の宮本顕治は、それから数年間も、新綱領の存在を手放しで称賛しつづけた。その証拠は当時の機関紙『アカハタ』に明瞭に残されている。

同党がいまになってこの綱領を「正規の綱領でない」などと主張するのは、歴史修正主義者の主張そのものに見える。

重要なことは、「五一年綱領」の採択があったからこそ、五一年から五二年にかけ、同党の暴力的破壊活動が全国規模で次々と実行に移された事実だ。北海道では五全協と前後し、活動的な村上国治が責任者として任命され、札幌入りした。

村上は「表の顔」である札幌委員長とともに、「裏の顔」であった軍事委員会責任者を兼務し、中核自衛隊の結成に動いた。

同党の活動家たちは、ソ連や中国、北朝鮮などと同じように、日本でも早晩、共産主義革命が達成され、かの地と同様の理想的な〝地上の楽園〟が建設されるものと信じていた。

第四章　党派あげての無罪運動

村上国治の仮出所を表紙にした姉の著作

1　村上国治の逮捕

白鳥一雄が銃殺された一九五二年一月から村上国治の逮捕までに八カ月の〝空白期間〟がある。その間共産党員が手あたり次第に逮捕された。多くは見込み捜査による誤認逮捕だったが、捜査が杜撰《ずさん》になった背景には、白鳥が共産党に関する情報をだれとも共有していなかった事情も反映している。

容疑者だけで六十数人の党員、数十人の党支持者が逮捕された。いずれも〝本丸〟といえない者がほとんどだったが、本人が名前を黙秘したことで人物をとり違えて逮捕する「替え玉」事件も発生した。

そんな中、実行犯の一人・鶴田倫也が大学内で右翼の男からカメラを取り上げた容疑で逮捕された。警察は事件の端緒に迫ることなく、嫌疑不十分で釈放している。大失態だった。

銃撃犯の佐藤博は仮名を使って道内を転々と流れながら、自由労務者となって身を潜めた。北海道軍事委員会の川口孝夫のはからいで稚内市近くの枝幸の漁場でも働いた。その地が白鳥一雄の生まれ育った場所とは佐藤は思いもしなかっただろう。

捜査は迷宮入りの様相を深くしたが、進展の機会は突然降ってわいた。事件から三カ月後の五二年四月、静岡県伊東市で逮捕された一人の党員が、札幌の組織全容を自供したからだ。追平は次のように描写する。

「当局ははじめて、札幌地区の三〇の地下細胞が七つのブロックに統轄され、この七ブロックを札幌委員会が指揮していることを知った。捜査本部はこの重大情報を手に入れてにわかに活気づいた」（『白鳥事件』）

八月二八日、札幌委員会副委員長だった佐藤直道が自宅に戻っていたところを踏み込まれ、逮捕された。

佐藤は〝表組織〟の副委員長として村上を補佐する立場にあったと同時に、地下組織の最高機関ビューローの構成員でもあった。捜査サイドは重要容疑者の逮捕に、佐藤の身柄を小樽署に移動させ、本格的な取り調べに臨む。

白鳥事件において、最初に真相を明らかにしたのはこの佐藤だった。

逮捕から三カ月もすると、主謀者が村上国治であった事実を白状、「入党以来接触のあった約一〇〇名に上る党員名とその経歴および活動状況」（『白鳥事件』）を洗いざらい自供した。いわゆる〝完オチ〟である。

共産党から見ると完全な〝転向者〟に映り、裏切者として扱われた。佐藤は実行犯が佐藤博であった事実も、併せて自供した。

捜査陣が最も手に入れたかった最重要情報が、一年もたたずにもたらされた。佐藤は当時の心境を自身の手記でこう振り返っている。

「白鳥事件以降は運動はガタ落ちになってきた。私自身も脱党したいと思うことが何度かあり、党決定に忠実に従ってはいたが、やはりそれは事務的な方面だけで、運動そのものには力が出ず、党的にみれば私生活にも乱れがみえてきた」(『白鳥事件』)

事件当夜、佐藤はたまたま現場近くに居合わせ、二発の銃声を自分の耳で聞いていた。佐藤は折にふれ、村上の言動に危うさを感じることがあったようだ。村上が白鳥警部を堂々と殺そうと口にすると、即座に諭したという。

「それでは党は壊滅しかねない。狙うなら(秘かに)暗殺すべきだ」

村上の逮捕は佐藤の身柄確保から一カ月後のことだった。

すでに予期されたことではあったが、村上確保の日が衆院選挙投票日に重なるとは本人も思っていなかったようだ。総選挙で日本共産党の候補者となったのは元北大教授で、党員弁護士の杉《すぎ》之原《のはら》舜一《しゅんいち》だった。奇しくもその後、村上の刑事裁判を一手に引き受けることになる人物である。

追平は〝村上御用〟の瞬間を次のように描く。
「昭和二七年一〇月一日、杉之原舜一氏の応援弁士菱信吉《ひししんきち》氏を乗せた日共の宣伝カーが党事務所の前に出て来た時、運動員に混った村上国治の姿が認められた。菅井警部補のひきいる十数名の私服警官が群衆に混って次第に鉄環をちぢめた。『村上御用だっ』という声とともに私服の一人が猛然とおどりかかるのと、豹《ひょう》のようなすばやさで村上が身をひるがえすのとほとんど同時だった。『犬どもっ!』と二、三人の私服をつき倒し脱兎《だっと》のように駆け出そうとする足へ見事な足払いがかかって、不覚にも大地につんのめった村上の上に四、五人の警官が折り重なってたおれかかった。委員長危うしと見て警官に飛びかかった数人の党員も公務執行妨害のかどでことごとく逮捕された」(『白鳥事件』)
後日、村上はこの逮捕劇を網走刑務所内で次のように回想している。
「『一〇月一日』このうらみかさなる日を、私は永久に忘れられません。一〇月一日が近づくたびに、その何日も前から、この日のことを思い出し怒りをあらたにします。あの秋晴れの日、札幌のまちで、とつぜん背後からおそいかかり、一ぺんの逮捕状もなく、よってたかって私に手錠をかけた者たち、その黒い権力の手が、一五年後のいま、まだ私をおさえて

離そうとしないのです」(『網走獄中記』一九六七年一〇月一日の項)

村上の容疑は当初は殺人ではなく、爆発物取締関係という別件逮捕にすぎなかった。その後さまざまな容疑事実が重ねられ、ついに釈放されることはなかった。

追平は村上について、「共産党員たらんがために生れてきたような男」と形容し、次のように評する。

「精悍《せいかん》な容貌、全身にみなぎる闘志。権力者に対するあからさまな憎しみ、数年にわたる農民運動の体験、すぐれた統率力と煽動的文章力、すべてが武装時代の党員にふさわしい特性であった」(『白鳥事件』)

さらにこう分析する。

「村上国治君の悲劇は彼が札幌の委員長に昇進した時にはじまる。旭川の農村やつぶれかかった中小炭鉱地帯など、北海道でももっとも封建的意識の強い処《ところ》で、憎悪と恫喝による闘争で名前をあげた村上君にとって、札幌はあまりにも近代都市であり、資本主義の中心地であった。ここには、道庁細胞、国鉄細胞、北大教授、職員党員等村上君の気持ちにぴったりこないインテリ党員が、彼の指導を待っていた。北海道地方委員会が村上君に期待した点も、これらの党員を新綱領と軍事方針の下に大同団結させることであったはずである。ところが、村上君は札幌委員長に着任早々にしてこれらのインテリ党員にアイソをつかし、共産党にとって生命《いのち》である経営細胞の指導を組合主義の濃厚な佐藤直道君にまかせて、彼は自由労働者と北大の優秀な学生党員を学校からきりはなして、中核自衛隊をつくり上げ、この二つの上に自分の感情にマッチした安息の場所をみいだした」(同)

新綱領のもとで自身に課せられた使命。村上国治はその事実をだれよりも重く受け止め、行動を急いでいた。頼りにしたのはインテリ党員ではなく、純粋無垢《むく》な学生党員だった。

「彼は札幌の党にビューロー組織を設け、ブロック別地下細胞網を張りめぐらし、軍事委員を設け、中核自衛隊を編成した。権力機関に彼一流の恫喝《どうかつ》戦術をかけて一応の成功を収めたこともすでにのべたとおりである。武装蜂起の日近しと見て、村上委員長の胸中はさぞ喜びと誇りに満ちていたことであろう」(同)

2　裁判漬けの日々

村上の身柄確保から半年ほどすぎた一九五三年四月、札幌地裁で初公判（爆発物取締関係）が開かれた。山田清三郎の著作『白鳥事件』によれば、村上は冒頭次のように発言する。

「わたしは日本国民の一人として、また日本共産党員の一人として、本件のごとき勾留されるような非行は毫もしておりません。わたしの日常生活は党の目的完遂のためいかなる弾圧にも耐え、いかなる迫害にも屈せず闘争しているものです。終戦後、日本共産党は、日本の独立と平和を強調し、戦争反対を絶叫しつつたたかいつづけてきたが、現政府はあらゆる方法で弾圧し、ふたたび日本国民を戦争に持ちこもうとしている」

留置所をたらい回しされた理不尽を訴え、母親が「旭川の奥の片田舎から、五時間も汽車にゆられて」来ている状況をこう述べた。

「わたしの老母は、『お前はなにも悪いことはしていない。平和を、本当の平和を守るためにがんばってくれ』と激励してくれた。私は重ねていう。真に平和を守ることは犯罪ではない。この平和を守るものを弾圧するものこそ犯罪者である。日本の平和をこい願う裁判官は、その良心にしたがって無罪の判決をなすことを期待します。最後に、日本の平和は、日本共産党の奮闘なしには守りえないことを強調してわたしの意見陳述を終わります」

共産党を理想の党と信じる村上国治の、法廷における〝第一声〟は象徴的なものとなった。当時の党員に共通した思いだっただろう。

日本の平和は「日本共産党の奮闘」によって作られ、そのために「いかなる弾圧にも耐え、いかなる迫害にも屈せず闘争している」自負があった。

同じころ、本土で通信社記者となっていた追平雍嘉が、東京の王子駅付近で逮捕された。追平は記者らしく、翌月には自ら供述調書を書き上げる。核心部分は事件翌日、実行犯の佐藤博から自身の犯行である事実を直接打ち明けられたとする内容にあった。

一九五三年六月になると、こんどは名寄《なよろ》駅で活動中だった高安知彦が逮捕された。高安が脱党届を書くのは、それから一カ月後のことだ。

同年九月には長野県の自宅で村手宏光も逮捕された。高安と村手は白鳥暗殺の準備段階の一部に関わった中核自衛隊メンバーだった。

中核自衛隊は日本共産党札幌委員会と並列して隠密裏に結成され、表組織の委員長である村上国治が軍事委員会の責任者を兼務した。ちなみに札幌の中核自衛隊は、隊長の宍戸均を除き、ほとんどが北大の学生メンバーで占められた。鶴田倫也（法学部）、大林昇（経済学部）、門脇戌（経済学部）、高安知彦（農学部）、村手宏光（理学部）。ほかに非学生としてポンプ工の佐藤博が加わった。

これらのうち犯行を全面自供したのは佐藤直道、追平雍嘉、高安知彦の三人だった。

自供に転じた佐藤は一九五四年一月、懲役三年執行猶予四年の判決を受け、早期釈放されている。

一方、追平も事件の概要を手記にまとめ、検察官と一緒に練り上げた。日本週報社から『白鳥事件』を上梓し、新書版の大きさで一九五九年一〇月に出版されている。革新勢力によって「えん罪」のプロパガンダが繰り広げられるなか、捜査側の主張を発信する意図があったと思われる。

刑事裁判で村上を有罪に持ち込む決め手となったのは、この三人の供述にほかならない。なかでも佐藤の供述に加え、高安の供述は貴重なものとなった。高安は数少ない中核自衛隊の隊員であり、白鳥殺害を話し合った謀議に直接参加し、その事実を立証できる立場にあったからだ。

謀議は年末から年始にかけてのタイミングで行われていた。だがメモを残さない当時の不文律のもと、白鳥殺害の謀議の日時と場所を確定させる作業は容易ではなかった。

作戦着手の段階で、村上は中核自衛隊員を二班に分け、監視体制を構築した。

鶴田倫也、大林昇、佐藤博の三人は白鳥が勤務する札幌市警警察本部付近（札幌中央署と同じ建物）、門脇戌、高安知彦、村手宏光の三人は白鳥が住む官舎付近の見張りを担当した。動静調査を行い、行動パターンや使用する移動手段などの把握に努めた。

わかったことは、白鳥が自転車を使って行動していた事実だった。高安の所属する自宅監視班も遠方からの監視をつづけたが、尾行がばれるのを恐れて一〇日ほどで行動を中止している。一方で鶴田・佐藤班は動静調査を継続した。銃撃に使う拳銃を所持していたのはこの鶴田・佐藤グループだった。

これらの犯行グループのうち、現実に捜査網にかかったのは村上を除けば、高安と村手の二人だけだった。だが彼らは直接の「実行犯」ではない。副委員長の佐藤直道もビューローの構成員ではあったが、軍事行動にタッチしたわけではなかった。

追平も軍事行動に直接関わったわけではなかったが、実行犯の佐藤博をよく知る立場にあった。佐藤直道・追平・高安のそれぞれの供述を組み合わせることで、事件の概要を描くというのが検察側の立証方針となった。

3　殺人罪で立件

村上が「殺人罪」で追起訴されるのは、逮捕から三年近くたった一九五五年八月のことだ。当局は別件逮捕を重ねて時間稼ぎをしたが、材料を揃えて殺人容疑（共謀共同正犯）での起訴に持ち込んだ。村上の容疑事実を山田清三郎『白鳥事件研究』から時系列に引用する（かっこ内は起訴日）。

▽占領目的阻害行為処罰令違反（一九五一年五月二日）
▽爆発物取締罰則違反（一九五二年一一月一九日）
▽団体等規正令違反（同年一二月二〇日）
▽銃砲刀剣類等所持取締令違反、火薬類取締令違反（一九五四年一月二六日）
▽暴力行為等処罰に関する法律違反（同）
▽傷害　刑法第二〇四条第六〇条（同）
▽業務妨害、汽車往来危険未遂、暴力行為等処罰に関する法律違反（同年八月二〇日）
▽銃砲刀剣類等所持取締令違反、火薬類取締令違反（同年九月三〇日）
▽殺人　刑法第一九九条第六〇条（一九五五年八月一六日）

村上の弁護人となった杉之原舜一は次のように書き記す。

「五五年八月になって、突如、殺人罪で起訴してきた。これにはびっくりした。と同時に、非常に薄弱な証拠で起訴がつぎつぎになされてきたのも、殺人犯として起訴するための土台を徐々に積みあげてきていたのかと気づいた。これは容易ではないぞと考えた」（『波瀾萬丈一弁護士の回想』）

「一三もの公訴事実で起訴されたのは、おそらく全国で例がない。少しずつ積み重ねて雰囲気をつくりあげていき、最後に目標の殺人にもっていくという巧妙なやり方だった」（同）

杉之原は弁護士生活のエネルギーの大半を白鳥事件と芦別事件（一九五二年七月に芦別市で起きた鉄道爆破事件）に注ぎ込む。村上はこの間、札幌中央署、苫小牧署、札幌中央署と複数の留置所をたらい回しにされた。杉之原は書く。

「ひどいのは、警察から警察への『たらい回し』だった。村上の場合は、旭川刑務所から札幌中央署へ、それから苫小牧署、さらに再び札幌中央署へ移されるという、戦前にも稀な『たらい回し』がおこなわれた」（同）

「法律の要件も完全に無視しての、こうした別件逮捕、むしかえし逮捕、たらい回し勾留がひどいものになっていった」（同）

村上は殺人罪で起訴される一カ月前、ようやく拘置所（札幌刑務所大通拘置支所）に送られた。容疑者にとって布団もない留置所よりは、拘置所のほうがはるかに待遇よく感じられたはずだ。

ちなみに村上の刑事裁判は高安とは切り離され、村手と二人だけで審理された。

長野県で逮捕された村手は精神的な病いを抱えており、いったんは犯行を認めながらも、再び否認に転じた経緯がある。

村上の刑事裁判は四年近くつづけられ、一九五七年三月、論告求刑が行われた。検察は村上に死刑を求刑する（村手には懲役五年を求刑）。

札幌地裁で言い渡された一審判決（同年五月）では、村手は執行猶予つきの懲役三年だったが、村上には〝無期懲役〟の実刑が言い渡された。

当時、読売新聞記者として札幌支社に勤務していた丸山一郎（本名）こと佐野洋《よう》（作家）は無罪判決の予定稿を書いたことを後で回想している。マスコミ記者らが無罪の可能性を考えていたことは明らかだ。

ところで、高安が逮捕されてまもなく、村上は決定的なミスを犯していた。接見に訪れた菱信吉（一審の特別弁護人）にレポ（伝達文）を渡したところ、このレポが後に警察の手によって押収され、刑事裁判における重要な物的証拠となったからだ。

そこには「支店に伝えてほしい」と記載され、実行犯の「国外」への逃亡を依頼する内容となっていた。「支店」は代々木の共産党本部を意味し、「国外」は中国への逃避行を意味した。

結果論とはいえ、この失態は事件の真相を動かないものにした。わずかな行動の綻《ほころ》びが、本質を浮かび上がらせることにつながったといえる。

話は変わるが、村上の裁判を最も献身的に支えた一人が母親の村上セイであった事実は疑いようがない。息子が出廷する日は、比布駅から午前二時台の列車にとび乗り、朝方、札幌に着く強行軍を繰り返した。

その行動は多忙な農繁期《のうはんき》にあっても変わりなく、傍聴が終わると同じ行程を比布まで戻っていった。経済的な負担もさることながら、七〇歳を超えた肉体に大きな負担となったことは間違いない。母親の献身的な行動は多くの支援者らの胸を打ち、勇気づけた。

法廷で目を合わせただけで親子は互いの心情がわかった。母親思いの国治にとってつらいことであったにちがいない。

セイは裁判の傍聴を一度も欠かしたことがないと豪語したが、肉親とはいえなかなかできる行動ではない。セイは息子の気持ちに呼応するように、国治の潔白を信じて疑わなかった。日本国民救援会の難波英夫《なんばひでお》は次のように書いている。

「三二年の五月七日、第一審判決があって、村上国治さんは無期懲役を宣告されたんだけど、この白鳥事件について、わたしは最初の頃のことは余り知らない。わたしが村上さんのことを知ったのは、ずいぶん後になってから、たしか三〇年の三月に開かれた第二回全国被告団協議会のときだったと記憶している。そのとき村上さんのお母さんが、芦別事件の井尻さんの奥さんと一緒に上京してこられて、そこでわたしははじめて国治さんのことを具体的に知ったのだ」(『一社会運動家の回想』)

「お母さんは気丈《きじょう》な人だったから、一審判決のとき法廷で泣いたりなんかはしなかったけど、それでも待合所に引きあげてきたときには、さすがにがっくりしていた。風呂敷包みをほどいて『これはわたしが作って来たお弁当だから、みなさん食べて下さい』という。それがなんと赤飯《せきはん》なんだ。だからよけいみんな返事ができないわけだ。お母さんにしてみれば、お祝いをして一緒に連れて帰るつもりで来てたんだからね。でもまあ、みんなでいろいろ慰《なぐさ》めて、それでご馳走になったんだけど、あのときのことはちょっと忘れられない」（同）

ここに出てくる「芦別事件の井尻さんの奥さん」は芦別事件で被告人となった井尻正夫の妻・光子のことで、この事件で村上セイの長女フユノの息子も逮捕された。フユノは国治の義理の姉にあたり、つまり国治の甥にあたる人物が芦別事件の関係者となっていた。弁護士の杉之原は次のように回想する。

「謀略と見られる芦別・白鳥の闘いは、当初、法廷闘争をあまり重視しなかった」
「裁判闘争などが組織されてくるのは、一九五四、五年頃になってから、白鳥と芦別の裁判が本格的に始まってからだった」
「一九五八年共産党の第七回大会で犠牲者救援決議がなされて、白鳥や芦別にも財政的に援助がなされてから、常任活動家も置けるようになった」

「菱信吉氏が特別弁護人として専念するようになって、党内の消極的な空気も変わってきた」(『波瀾萬丈　一弁護士の回想』)

菱は自治労(全日本自治団体労働組合)の前身組織の全国委員長を務めたこともある党員の道庁職員で、そのころはレッドパージで職を追われていた。幸い、地裁段階では非弁護士の特別弁護人制度が設けられており、菱は白鳥裁判の特別弁護人として、杉之原を支える立場にあった。村上国治の刑事裁判が地裁・高裁で続いた一〇年近く、セイは月一回の頻度で、札幌へ片道六時間かけて傍聴行動を繰り返す。

4　人民艦隊

白鳥事件関係者の海外逃亡が明らかになるのは一九五八年四月、新聞各紙の報道によってだった。村上の一審判決と二審判決の間に出された一連の報道は、各紙とも「白鳥事件の主犯らを逃す」と大きく伝えていた。

この報道に先立ち、日本共産党の資金源とされていた「トラック部隊」への一斉摘発が前年(一九五七年)八月二二日付の朝日新聞でスクープされていた。

捜査の末、翌五八年三月、人民艦隊《じんみんかんたい》「第一勝漁丸」(三四・六トン)の船長ら関係者一〇人が一斉逮捕された。人民艦隊とは、中国と日本を行き来していた日本共産党専用の密航船のことだ。内定捜査は二年以上に及び、警察庁警備一課長は次のコメントを発した。

「警視庁、千葉、静岡両県警が中心となり十数府県警が協力、秘密のうちに捜査をつづけていた成果が今朝の日共密航ルートの一斉手入れとなった」（朝日新聞夕刊・一九五八年三月二二日付）

ほかにも一〇隻以上の船が使われたことが判明する。

密航船グループを統括していたのは岡田文吉中央委員だった。岡田自身も翌日逮捕されたほか、問題となっていた船で中国から日本に渡っていた西沢、紺野、袴田が警視庁の取り調べを受けた。三人は黙秘で通し、逮捕に至っていない。

岡田文吉は鳥取県の農家生まれの人物で一九三〇年入党。治安維持法違反で検挙されて網走刑務所などで服役したあと、四一年に日本を脱出。中国延安《えんあん》で野坂参三らとともに反戦活動にあたったとされる。戦後東京に戻り、四六年の第五回党大会で中央委員に選出された。その後も継続してその地位にあった。彼こそ同党の活動資金の調達を目的とした「トラック部隊」の責任者と目され、党の地下活動を支えた人物とされた。

このとき同じ「第一勝漁丸」を使って白鳥事件関係者が中国に渡っていた疑いが浮上した。

注目を集めたのは、実行犯の佐藤博がこの船を使って焼津《やいづ》港から上海に渡っていた事実だ。その結果、一九五八年四月一三日付の一斉報道となっていた。

記事によると、「第一勝漁丸」は一九五五年から五六年にかけ、判明分だけでも日中間を四往復し、帰りには中国の北京機関にいた党の要人を日本に運んでいた。なかには野坂参三もまじっていたというから、捜査側が色めき立つのは当然だった。

野坂はこのころ党第一書記（＝党首）の立場にあり、四月二六日、自ら警視庁公安一課に出頭した。だが黙秘したまま一時間ほどで戻されている。時あたかも衆議院選挙の最中であったため、警察としてもそれ以上のことはできなかったのだろう。

野坂は一九五〇年の党分裂後、中国に渡り、北京機関で徳田球一らと共に亡命本部で働いていた。五三年一〇月に徳田が他界、五五年に日本に戻る。同年七月に開かれた第六回全国協議会で第一書記に就任。六全協後の日本青年館での党内会合に突然姿を現していた。

ちなみに白鳥事件の主要関係者が党密航船で中国へ渡った時期は、六全協の前後に集中する。五五年から五六年にかけ、実行犯の佐藤博と鶴田倫也、宍戸均、大林昇（いずれも中核自衛隊員）のほか、北海道軍事委員会で佐藤博の逃亡に手を貸した川口孝夫も妻と一緒に渡った経緯がある。六全協で宮本顕治が党中枢に幹部として復帰していた時期、宮本がこの情報に接していなかったとは考えづらい。

実際に野坂だけでなく、徳田球一もこの船を使って中国に行っていた。

十数人の逮捕劇となった「人民艦隊」事件は一九六〇年三月三一日、一審判決が出ている。いずれも無罪となり、共産党側の勝利となった。

検察側は珍しいことに、控訴しなかった。何があったのか。

共産側は通例と同じく、一斉に黙秘戦術をとっていた。一人だけ供述に応じた富樫《とがし》という被告人がいたが、弁護団は富樫の主張の矛盾を突くことに徹底してこだわった。

その結果、判決では「勝漁丸が昭和三〇年一一月一三日頃から同年一二月上旬頃まで航海に出ていた形跡があるのに、そのころの同船が、漁獲物の水あげをしたことをうかがわせるような証拠が存在しないことは、被告人等にとって一応不利益な状況と考えられる」と判示したものの、結論部分で「犯罪の証明がなされていないことに帰する」として無罪を言い渡した。

判決から三〇年以上すぎた一九九八年、同じ船で中国に渡っていた川口孝夫が、自費出版の書籍『流されて蜀《しょく》の国へ』で次のような真相を明かしている。


最近、いわゆる「人民艦隊事件」に関する一連の資料を見ることができた。「人民艦隊事件」はその判決文によれば、富樫証人の「『夫婦者らしい二人の男女』を案内して一九五五年一一月一一日、新小岩のアパートを出て大森に一泊し、翌日は静岡で登呂遺跡を見学して焼津港で第一勝漁丸に乗船した。一三日に出航して土佐清水港に寄港し、上海の呉松港に行った」という証言は信頼できないとして全員が無罪になった。

この富樫証言では「夫婦者らしい二人の男女」は五五年一一月に中国に渡ったことになっている。従って、いろいろな面で実際と食い違いが生じることになったが、もしこれが五五年一一月でなく翌年の三月であれば、富樫証言は真実として採用され判決は有罪になっていたに違いない。

証言の中で「夫婦者らしい二人の男女」とあるのは、私たち夫婦を指していると思われる。私たちは確かに富樫氏に案内され、五六年三月に新小岩のアパートを出て、証言通りのコースで中国に渡ったのである。新小岩のアパートは五五年一二月末に完成し、私たちは翌年一月に入居した。五五年の一一月には新小岩のアパートは建築中だったのである。

川口の証言は、裁判で正しい日時が主張されていれば有罪となった可能性を指摘していた。「人民艦隊」裁判では、一人だけが真実の声を上げたため矛盾点をつぶされ、全体を葬り去られる結果となった。一方の白鳥事件では、三人が真実の声を上げた。

白鳥事件もわずか一人程度の証言者であったなら、裁判上は似たような結果に終わった可能性がある。一人の矛盾を徹底的に突くことで、オセロをすべて白に変えてしまうという手法だったからだ。

当時の共産党幹部にとって、国外逃亡の〝命綱〟は中国共産党とのパイプであるこれらの密航船だった。

新聞報道によると、人民艦隊は第一勝漁丸のほか、栄漁丸、千代丸、源丸、国進丸、第三高浜丸、喜久丸、吉祥丸、琴平丸、第八明栄丸、第六昌栄丸、太陽丸、幸福丸の計一三隻の船団で編成された。いずれも三〇トン前後の漁船である。

殺人容疑の実行犯たちを海外逃亡させた同じ船に乗って、日本共産党の最高幹部らが帰国していた事実は興味深い。

5　二回目の敗訴

月刊『文藝春秋』一九六〇年一月号から始まった松本清張《せいちょう》の連載「日本の黒い霧」シリーズは、当時の象徴的な事件を取り上げ、著名作家が取材執筆するノンフィクションとして話題を呼んだ。連載の中で、「白鳥事件」を扱った号は六〇年四月号（三月一〇日発売）に掲載された「北の疑惑――白鳥事件」というタイトルの三七ページの記事だ。

この記事は村上国治の高裁判決の三カ月前に発表された。半月後、札幌高裁で村上の最終陳述が二日間かけて行われた。

札幌高裁で出された二審判決（六〇年五月）は、無期懲役を懲役二〇年に減刑する内容で、罪が軽くなったとはいえ、有罪判決であることに変わりはなかった。

一審では杉之原舜一が弁護士として孤軍奮闘する形となったが、二審では東京から自由法曹団の弁護士も加わり、より手厚い態勢が敷かれた。それでも村上を無罪とすることはできなかった。日本国民救援会の難波英夫は次のように振り返っている。

「昭和三五年は『六〇年安保』の年だ。(中略)安保闘争が一段落したあと、わたしは札幌に行って白鳥事件控訴審の判決公判を傍聴した。松川(＊松川事件の刑事裁判)は非常にいいとこへいっているし、安保で高揚している時でもあった。そこんとこにちょっと楽観があったかもしれないけど、残念ながら二審も有罪にされてしまった」(『一社会運動家の回想』)

「みんな怒ってね、傍聴人は総立ちになって抗議するし、村上さんのお母さんも、『この鬼ッ、畜生ッ』て叫ぶ。村上さんも抗議していたようだが、わたしが見たところでは、どちらかといえば落ちついていた。そのあと近くの公園に集まって、そこで、どうしても上告で必ず無罪をかち取ろうと三〇〇人もの人びとが誓い合った。判決の翌日は現地調査をやった。白鳥ではその頃から毎年冬と夏に全国現地調査をやって、松川につづいて全国的な運動に発展していくわけだ。わたしもほとんど毎年、どちらかに参加するが、冬のときは、ちょうど雪が降っている。だから、射撃訓練をしたと称する幌見峠《ほろみとうげ》へ上る道は足場が悪いし、坂は急だし、わたしも尻を押してもらったり、手をひっぱってもらったりして、やっこらさと峠まで上っていったものだ」(同)

二審判決の半月前、国治は母親のセイに次の手紙を書き送っていた。当時の共産党員の標準的な考え方であったと思うので紹介する。

「ソ連はいまでは働くものだけの国で、首切りの心配も何もなく、働くほど楽になり、労働者も自家用車をもっていますし、労働者も百姓も、五〇歳をすぎれば男も女も養老年金がついて楽に生きていける国になりました。（中略）中国も、労働者や農民（百姓）の天国になりました。朝鮮も北半分はそうなりました。いまはそういう時代です。日本もきっとそうなるでしょう」

「そのためには、一日でも一時間でも長生きしてがんばらなくてはなりませんよ。どうかわたしの分も共産党のためにつくしてくださいよ。人間、人と生まれて一生のあいだ、たとえ読み書きはできなくても、しゃべることはへたでも、こつこつと正しいことのために人のために、戦争のない平和なよい世の中をつくるためにつくすことが、一ばん正しい人の道ともいます」（『ふるさとの母へ』六〇年五月一三日付の手紙）

一九六〇年当時、日本共産党はソ連、中国との親密な関係を維持していた。社会主義国は〝地上の楽園〟のように信じられていた。

話は変わるが、白鳥事件の初の現地調査が開催されたのは一九六一年一月二〇日、二〇〇人が参加した。全国から希望を募り、事件現場や事件と関連する場所を自分の目で確認し、夜は宿泊して学習討論する運動スタイルが松川事件から始まっていた。

松川事件は一九四九年に福島県で起きた列車転覆致死事件だ。当初疑われた共産党員らの犯行との筋書きは、新証拠の発覚によりアリバイが判明し、事件そのものを揺るがす事態となった。

松川事件の支援活動において先行して多くの試みがなされた。松川事件のほうが二年半ほど早く発生したが、時期的に白鳥事件と同じ時期に裁判が進行したため、白鳥運動は、松川事件から多くの影響を受けている。白鳥事件と対照的に、六一年夏、松川裁判は仙台高裁の差し戻し審で被告人一七人全員の〝逆転無罪〟判決が出ている。

白鳥現地調査はその後、一九七五年二月一〇日まで一四年にわたり続けられ、最後は二八回を数えた。現地調査の日程には、村上国治と直接交流する面会時間も含まれた。村上はざっくばらんな人柄で、初めて面会した支援者らにとってはプラスに作用したはずだ。この間、全国から多くの革新系労働者が調査へ参加し、地元に戻ると「白鳥バカ」と呼ばれる活動家に成長していった。

6　白対協結成

一九六二年三月一六日、東京の千代田区役所（富士見町出張所）に全国から五〇人の代表が集まり、白鳥事件中央対策協議会（白対協《はくたいきょう》）の結成大会が開かれた。『アカハタ』によると、「この協議会は、上告審の勝利をめざして、昨年（＊一九六一年）の秋に総評、国労、国民救援会など一七団体を中心に計画がたてられ、半年ぶりに結成の運びになった」（三月一八日付）ものだった。

同日夜、九段会館で「白対協の誕生直後の初仕事」（アカハタ）として「村上国治被告を守る夕《ゆうべ》」が開催され、二〇〇〇名がぎっしりと会場を埋めた。北海道から弟の村上正男が上京し、感謝の言葉を述べたほか、国民救援会の難波副会長、社会党や共産党関係者も挨拶し、主任弁護士人の福島等《ひとし》が記念講演を行った。

この日駆けつける予定だった松本清張は、「家庭に不幸があったため講演できなかった」が、代わりに党員作家の山田清三郎が壇上に登った。白鳥裁判闘争の本格的なバックアップ体制が初めて整ったことになる。

このころ拘置所にいた村上の元に届く年賀状は、すでに一〇〇〇枚を超えていた。袴田里見や志賀義雄といった日本共産党の最高幹部も面会に訪れ、最高裁審理では、傍聴席に野坂参三議長の姿も見られた。
一九六三年一〇月一七日一〇時、最高裁第一小法廷は最終判断を言い渡した。結果は〝上告棄却〟。村上国治にとって、懲役二〇年の判決が確定する年となった。
翌日付『アカハタ』は一面トップで「白鳥事件不当判決についての声明」を中央委員会名で掲載した。

「判決は、真実と正義をふみにじる不公正不法なものであり、日本人民の独立、平和、民主主義のたたかいにたいする弾圧である」(アカハタ・六三年一〇月一八日付)

冒頭でそう述べ、次のように主張した。

「白鳥事件は、朝鮮侵略戦争に反対し、人民の利益を守り、民族の独立のため不屈にたたかったわが党に、テロ団体の汚名をきせ、徹底的に弾圧するために米日反動が仕組んだ一連の謀略事件の中の一つである」(同)
「いかなる刑罰も、共産主義の勝利にたいする村上同志のふかい確信をうばいさることはできない」(同)

一ヵ月前、同じ最高裁で松川事件の〝逆転無罪判決〟が言い渡されていた。日本共産党としてはどちらも重要な冤罪事件として取り組んだはずだったが、松川事件は〝無罪〟、一方の白鳥事件は〝有罪〟として確定することになった。

ちなみに北海道版・松川事件と呼ばれた芦別事件も、この年の一二月、高裁で逆転無罪判決が言い渡される。

共産党に関わる主要な冤罪運動の中で、白鳥事件だけが〝有罪〟として取り残される形となった。村上が札幌大通拘置所で書いた支援者向けのメッセージが残っている。長くなるがそのまま紹介したい。


全国のみなさん！

判決をきいて、いま一時間くらいたちました。

怒りにふるえて、どうしようもなく、たのまれたメッセージも書きようがありません。

わたしはたたかうのみであります。

無実であるがゆえにたたかうのみであります。

裁判官はめくらでありましょうか。

ぱっと光った弾丸がみえないのでしょうか。

一人の人間が同時に二カ所にあらわれることができると裁判官はいうのでありましょうか。

生まれて初めて、札幌の町にきたばかりの私を、白鳥という人を見たことも、会ったこともない私を、ニセ弾丸と他人のウソによって、ただそれだけで、いままで一一年もとじこめてこの上さらに二〇年も牢獄にとじこめるということ、これはぜったいに裁判ではありません。

石にかじりついても生きぬいて、再びシャバにたち、きっとこのデッチ上げのウラミを私は晴らします。

党派をこえ、長い間私の真実のためにたたかってくださった全国のみなさん！

雨の日も、風の日も、街頭に立って、人々に真実を訴えつづけてくださったみなさん！

私はあなたがたのことを一瞬も忘れません。

みなさんのことを思うと私は怒りにふるえそうになる。

本当にありがとう。

心からありがとう。

日はまた昇る。必ず昇る。

怒りの涙でこれ以上書けない。

（判決の日に　一九六三年一〇月一七日）

当時の支援者らは、白鳥事件は権力のでっち上げ事件と完全に信じ込んでいた。日本国民救援会の難波も次のように書いている。

「昭和三七年三月、総評や東京地評、それに社会党や共産党などの加盟を得て中央白対協をつくった。これは、松川の教訓に学んでやったことであったけれども、当の松川の方は、押しに押して一路勝利への前進という状態だったから、どうしてもその気分の中にいると楽観的になるのだろう。ついに、松川の無罪確定一カ月後に上告を棄却されてしまった。あのときも村上さんのお母さんが来ていて、傍聴席でわたしと並んで座っていたんだけど、お母さんはガックリ肩を落して声がなかった。上告棄却だから、もう再審請求以外にもってゆくところがないから。負けん気の強い人だったから、何もいわなかったんだろうけど、それは気の毒だった」（『一社会運動家の回想』）

山田清三郎は、この年（一九六三年）の三月に新日本出版社から『ばあちゃん』を出版。村上の戦いを後方支援した。確定後、村上は網走刑務所に送られる。日本共産党の歴代先駆者が収容されてきた最果ての地、網走――。市川正一、徳田球一、宮本顕治……。一級の〝革命戦士〟を自負していた村上にとって、網走移送は特に落胆することではなかったかもしれない。

村上が網走で過ごした期間は一九六三年から六九年までの六年間。拘留された一七年のうちの半分に満たない年月である。

7　網走刑務所

村上が網走行きを告げられたのは最高裁の上告棄却から四〇日後の一一月二八日の朝だった。その日、「網走ゆき」と題する次の詩を書いている。

北へ、北へ、北へ、
　ひた走る
石狩川の流れも
　細まるあたり
ふるさと　上川盆地は
　雪におおわれていた
一二年ぶりで通る
　わが村、々、々
網走ゆき急行「はまなす」は

無情にひた走る
北へ、北へ、北へ、
手錠、腰縄、囚衣！
歯をくいしばれ、
　涙を怒りにかえよ
屈辱をたえしのべ
この同じ道を
南下する日のために
　勝利の太陽とともに
南下する日のために

この詩は、元宝塚歌劇団の音楽指揮者で、共産党参議院議員だった須藤五郎によって作曲され、白鳥運動の中で広く歌われることになった。

夕刻、終着の網走駅に着くと、日はとっぷりと暮れていた。数珠《じゅず》つなぎのまま刑務所のバスに乗せられる。

「肩をすぼめ腰をまげていくつかのくぐり戸をくぐり、廊下を曲り、あなぐらのような舎房に出る。第四舎第九房。目がなれてきたら向かい側の房や、少しはなれた房で、札幌の未決監で顔みしりだった連中が、のぞき窓から合図しているのがわかった」（『網走獄中記』）

網走ですごした六年間、村上は禁止された日記を「菊《きく》栽培記録帳」の中に記載することで、「一日もかかさず」日々の生活を書き込み、それを外部へ流出させた。全国の支援者が送ってくれた「ぼう大な書籍や日用品などの中にいれて」持ち出す方式だったという。これらの記録は仮出所後、『網走獄中記』として刊行され、ベストセラーになった。

『網走獄中記』は紙面の都合で実際のボリュームの半分に縮めて単行本化されたものだったが、その日の出来事を簡潔にまとめており、記録性の高い内容だ。被収容者として感じた理不尽な出来事も、所長らに一つひとつ要望をぶつけ、改善させた。それらの様子が手にとるように伝わる。だれと面会したか、どんな本を読んだかも几帳面に記録されている。

日記では入所後に迎える最初の元日を前に、年賀状を書いたと記していた。四枚が許可され、さらにもう一通、特別に許可された（一九六三年一二月一六日の日記）。

四枚は順に、「比布の弟、旭川の老母、野坂さん、総評」とある。つまり、弟の村上正男、母親の村上セイ、日本共産党議長の野坂参三のほか、総評（日本労働組合総評議会）だけが団体名となっていた。「もう一通」は当時の比布町長・宮崎乗雄宛だった。村上国治の当時の人間関係が示されている。

肉親はいうにおよばず、故郷の町長は村上が生まれた門前寺院・弘誓寺の住職であり、熱心な支援者の一人だった。共産党トップの野坂とは五年前、大通拘置所で面会して以来、直接の面識が生まれていた。

六年間の生活を記した『網走獄中記』で、村上は野坂のことを「野坂さん」と親しみをこめた表現で随所に登場させている。一方でもう一人の最高幹部、宮本顕治（当時書記長）の名は全くといっていいほど出てこない。この対照的な違いは、当時の村上と党本部との関係性を示すものとして興味深い。最高幹部における村上の担当は宮本ではなく、野坂だったということだろう。

村上が網走に収監された翌年（一九六四年）、戦後の最高幹部の一人だった志賀義雄の除名騒動が勃発《ぼっぱつ》した。村上は日記の中で党の団結を乱す行動として志賀の言動を厳しく批判している。

「衆議院本会議において共産党志賀義雄議員が、池田政府提案の米英ソ部分的核停条約承認案に賛成投票した、との記事の写し多く、例え獄中一八年の同志であろうとも、たとえ幹部会員であろうとも党の決定に反し、人民をうらぎるこの行為はゆるされない、との若い人びとからの手紙多し。中ソの対立はついにわが党にももちこまれた」（一九六四年五月二一日の日記）

「共産党の分裂、これこそ、あらゆる人民闘争を弱める最大条件である。ぜったいにこれをゆるしてはならない」（同）

「志賀義雄、鈴木市蔵らが大阪入りし記者会見し『日本のこえ同志会』をつくり、『日本のこえ』という機関紙を発行する。われわれは分派ではないという。これが分派活動でなくてなんであろうか」（七月一日の日記）

「ラジオニュースに『日共の神山茂夫、中野重治氏が幹部会を批難する声明を発した』という。『団結』ということが、こういう『えらい』人たちにはどうしてできないのだろうか」（九月一日の日記）

「党中央の団結というものが、どれほど何ものにもかえがたいものであるかということを、この人たちは知らない」（同）

「断言できるのは、団結して意志を統一して前進することである。そういう方向を第一義的に考えることである」（同）

村上が革命党の団結をいかに重視していたかがわかる記述だ。それから二年後、第一〇回党大会にあてた村上の次のメッセージからもそのことが読み取れる。

「ぼくらはみんな、階級の一兵士。ぼくらはいまどんなにひもじくてもよい。ぼくらはいまどんなに寒くてもよい。ぼくらいまはどんなに侮辱され、無知なさげすみの目でさえ見られてもよい。**党さえ、党の団結さえ固ければ日本人民は勝利する**のだから。ぼくらいま、寒くても寒くない。ぼくらいま、どんなにつらくともつらくない。ぼくら、いまはどんなに侮辱されても平気だ。職場でどんなにおどかされ、誘惑され、いやがらせされてもぼくらは動じない。ぼくらは平気だ。いや、むしろ明るい。**党さえ、党の団結さえかたければ、日本人民は勝利する**のだから。団結、それがいまぼくらの心からのねがいだ」（一九六六年一〇月一〇日の日記、太字は著者）

革命成就には団結が最優先されると固く信じていた。その先には「日本人民の勝利」の姿が見えていたようだ。

逆にいえば、そうした固い信念があったからこそ、獄中闘争における潔白を主張する頑な行動も生まれていた。村上のもとには連日、さまざまな人たちが面会に訪れている。

少し戻った一九六四年七月、姉の長岡千代と娘の弥生《やよい》、弥生の婚約者となる男性が初めて網走にやって来た。秋には母親のセイも訪れている。その日の日記にこうある。

「老母面会。顔色もよく、元気で、安心。久保田助役、岡崎留三郎さん、鹿地亘《かじわたる》さん、東昭吉君、旭川の看護婦さんも同行され、一時間ちかくもめたすえ、ようやくみんな面会許可。助役さんが車を運転して来てくれた、という。村のみなさんの厚い配慮に感謝。老母が元気そうで安心」（一九六四年一〇月二三日の日記）

比布町の助役が自らハンドルを握り、看護師も同行して母親を網走まで連れて来たことがわかる。東昭吉は実弟・正男の妻の兄にあたる人物だ。別の証言（『かたくりの花』）によると、この面会で国治は「五年で必ず再審、出獄を勝ち取る」とセイに約束した。セイはこう応じている。

「そうかい、それくらいならわしゃ頑張れる」

村上は老母が「元気で、安心」と日記に書いたが、この出会いが二人の最後の会話となった。

8　母親の死去

一九六五年六月、村上セイは八二歳で不帰の人となる。主治医を自認する民医連医師の藤井敬三は、「これまで比布町立病院の二階がばあちゃんの病室でした」と述べ、セイの病状を次のように説明する。

「これまで高血圧、糖尿病、胃かいようなどで倒れましたが、執念のように奇跡的に元気になりました。こんどは脳卒中の再発です。幸い一回目は軽くすみ、歩行もお話もできるまでになっていました。壁には、全国から送られたよせがきの赤旗がはられています。ばあちゃんは、まどろみながら何かつぶやいています。時々ほほえんでいるのは、国治さんの夢でもみているのでしょう」

「翌朝早く、三度目の発作がきました。『ウウン』といってこときれました。昭和四〇年六月六日の朝六時半。八二歳まで苦しみをなめ、働きつづけ、たたかいつづけ、わが子を待ちあぐんだばあちゃんは力つきました」(『かたくりの花』)

命日となった六月六日。村上国治は明け方、「しばらくぶりで老母のゆめ」を見た。「何か一緒に笑いながら話している夢」だったという。虫の知らせだった。

その日は日曜日で免業日(=刑務所内の労働のない日)だった。面会の呼び出しがあり、出ていくと相手の沈んだ顔を見てすぐに訃報《ふほう》を悟ったという。渡された弟からの電報にこう書かれていた。

「ハハケサ六ジ四三フンシス　八ヒ一一ジソウギ　マサヲ」

翌日、旭川刑務所へ護送する旨の連絡を受けた。途中四〇分ほど母親の葬儀に参加させるという。全国の支援者の声が、法務行政を突き動かした結果だった。村上は日記にこう書いている。

「死んでから会っても何になるか、とおもいつつ、朝方少しねむる」

国治が母親の訃報を聞いた日に書いた「老母へのわかれ」と題する文章にはこうある。

「長いこと、本当に長いこと、ありがとう。もういいから、もう安らかに眠ってください。もう面会に来る心配をしてくれなくてもいい。もう拘置所の前で雪で顔を洗って門の開くのを待たなくてもいい。もう東京まで出かけて裁判官に頼んでくれなくてもいい。もう重たい差し入れものを背負って汽車に乗らなくてもいい。村をひと目で見おろせるあのお墓で静かに休んでください。ぼくもやがてそこへ行きます」

翌朝四時に起床した村上はジープに乗せられ、数人の付き添いとともに式場の大照寺に入った。日本国民救援会の難波英夫は次のように書いている。

「網走から旭川刑務所に移送して、わたしたちが比布町の村上さんの自宅で式の準備をして待っているところへ、村上さんを車に乗せて連れてきた。それで、みんなワアーっと表へ出て村上さんを迎えた」(『一社会運動家の回想』)

葬儀では、久しぶりに見る隣家のおばあさんが「友人代表」として焼香《しょうこう》するのを目にする。母親と同じ四国出身の人で、生前は姉妹のように親しくしていた。母親が元気だったときはむしろその人のほうが病弱に思え、いまは若々しく見えたことが心にのしかかった。自分が母親に苦労をかけていなければいまも元気なはずだった、九〇歳以上生きたはずだったとの自責の念からだった。日記にこうある。

「ぼくがこんなことにされなければ、病気がちだった友だちのおばあさんにくらべうちのばあちゃんは九〇歳までもらくに長生きしたにちがいありません」（一九六五年六月二〇日の日記）

同じ日の「行こう」という詩にも次のように出てくる。

ぼくら　母子《おやこ》は
ぼくら　人民は
いつもいっしょなのだ

ぼくら　母子を
ぼくら　人民を

きりはなすことは誰もできない
娘つづきだったセイにとって、国治は初めての男の子だった。その男の子はだれにもまして親思いの息子に成長した。

加えて、同じ理想を信じる日本共産党の同志だった。

同年暮れの日記で、村上は、「こんなつらいおもいの年がいままであったろうか」と綴っている。

さらに一年後には、「一周忌に　ある老農婦のたたかい」と題する万感込もる詩を書いた。

要約すると、一日も学校に行けず、一字も読み書きのできなかった母親が、差し入れ物を背負って一〇年にわたり夜列車で一三〇回も公判の傍聴に通ってくれた。仕事で鍛えあげた農婦だったからこそできたことで、その苦労がなければ一〇〇歳まで楽に生きられただろう。戦争が終わって村で初めて農民組合の演説会が開催された際、自ら息子の手を引っ張っていってくれたのは母だった。その母が、小学生の孫娘に字を習うようになったのは、選挙のときに共産党の候補者の名前を書くためだった……。

最後に故郷比布への思いを綴っている。

「北海道上川郡　比布村よ　ことしも　もうサフランの　花は咲いているか」

村上母子には強い絆があった。「ぼくもやがてそこへ行きます」とそのとき呼びかけた村上国治だったが、後述するが没後、母親と同じ墓に入ることはなかった。

9　再審請求

セイが死去した年の秋、再審請求の手続きがなされた。一九六五年一〇月二一日のことだ。日本の裁判で再審が認められる事例はそれまでほとんどなかった。難波は次のように書いている。

「白鳥事件の方は昭和三八年一〇月、最高裁の上告棄却によって再審請求闘争と釈放闘争を併行してすすめることになった。村上さんは懲役二〇年だから、刑期の三分の一を過ぎれば法律的には仮釈放の可能性が出てくる」（『一社会運動家の回想』）

一九六六年七月、共産党議長の野坂参三は、全道で一万人が参加する「日本共産党創立四四周年記念躍進時局大演説会」に参加するため札幌入りした。党中央委員会と北海道委員会が主催するこの集会は、「党創立以来北海道最大の集会」（赤旗・七月二二日付）となった。

野坂はベトナム戦争におけるホー・チミン主席の呼びかけを紹介、侵略戦争に一貫して反対してきた党の歴史と、北海道が生んだ野呂栄太郎、小林多喜二の戦いにふれたあと、「いまなお網走の獄中でたたかっている村上国治同志の詩の一節を読み上げ」た。

演説会を成功に終えた野坂は翌日、その足で、激励のため網走刑務所を訪れた。赤旗記事によると、野坂は冒頭、「党中央委員会幹部会を代表してお見舞いに来ました」と村上に告げ、次のように呼びかけている。

「わたしたちのいちばん心配なのはあなたの生命と健康です。あなたがここでたたかいをつづけていることは政治的にもひじょうに大きな意義があります。あなたは党のたから(宝)です」(赤旗・七月二二日付)

村上の手紙には次のようにある。

「握手しながら『やあ八年ぶりだね』といわれました。八年前の日本共産党は、いわゆる六全協とその後のいろいろ複雑なことで、たいへん苦しい時であったとおもいます。野坂さんは、ちっとも変っておられず、八年前よりかえって若く、お元気そうに見え、私の発言をしきりにメモして下さっていました」(『壁あつくとも』)

同じ日の日記に次のように記されている。

「夕食後、野坂さん、奥さん、西館さん、渡辺調査部長、秘書らの面会。総務部長室で。健康のこと、食事、衣類、ハダカ検身、運動のことなどについてきかれ、話す。かわらぬおだやかな、しかしこまかい配慮のお話。わざわざ網走まで来てくださった配慮にこたえなくてはならない」（一九六六年七月二〇日の日記）

文面には敬愛の気持ちがあふれていた。野坂の妻の龍《りょう》、北海道委員長の西館仁らも同行していた。面会場所として総務部長室を使わせるなど、刑務所側も気を遣ったことがうかがえる。

翌六七年の四月、こんどは白鳥一雄の父・正雄が他界する。享年七九。白鳥家は正雄という大黒柱を失った翌年、帯広市内に墓を建立した。建立者として妻キク、次男廣、三男、五男守の名前が墓石の裏に刻まれた。一雄の遺骨もそこに納められた（四男は養子として他家に出た）。

村上国治は白鳥一雄の弟（三男）と同い年で、一雄と国治の年齢は七学年離れていた。どちらも北海道生まれの北海道育ち、両親は「内地」からの転入組で、白鳥の父は宮城県、母は富山県出身だった。一方の村上は、両親ともに四国から入植した開拓者だった。

白鳥家は親子で警察官。一方の村上家は農業を生業とし、一家そろって共産党員としての道を歩んだ。対照的な経歴と家庭に映る。だが二人には共通点もあった。

どちらも「長男」であった事実だ。村上は上に女ばかりが続いた末の待望の男の子だった。白鳥家も九人の子宝に恵まれたが、一雄は長男として一家の担い手となった。

戸主制度のあった当時、長男への期待は今よりずっと強かった。村上セイが一〇年にわたり裁判所通いで肉体を酷使できた背景にはそうした思いもあったはずだ。

二つめの共通点として、どちらも「詩」を書いた。

白鳥一雄は旧制中学時代に詩作する生徒として知られていた。一方の村上国治も学歴こそ高等小学校卒ながら、獄中では多くの詩を残し、『村上国治詩集』は賞（第一回詩人会議賞、後の壺井《つぼい》繁治《しげじ》賞）を受けたほどだった。詩を書く人間に、人間性の乏しい人物は少ないだろう。

三つめの共通点として、戦争を体験し、軍に召集された時期に二人とも中国広東省で過ごしていた。戦地で病気になり、日本に戻った点も似通っている。

白鳥一雄は軍人として偉くなる道を選ぶことなく、警察官としての職を全うする方向へ進んだ。村上国治は戦地で社会の現実を知り、戦後の「世直し」、彼にとっては共産主義実現への理想にひた走った。

一九六七年七月、難波英夫が日本国民救援会の会長に就任した。副会長時代から白鳥事件で尽力してきた難波は、前年上梓した『救援運動物語』の中で、「救援活動が弱かった白鳥事件」と題して、次のように書いている。

「日本国民救援会は、事件発生当時、北海道の組織が弱く、殆《ほと》んど救援運動らしい運動をしていないので申訳なく思っています。もし当時、救援会がしっかりしていて、救援活動をやっていたら、高安君でも、佐藤直道君でも敵側に廻さずにすんだのではなかろうかと思われてなりません。現に高安君は、検事に頭を下げた次の日に激励の労働歌を聞き、この労働歌を一日早く聞いていたらこんなことにならなかったのにと悔やんでいたという話を聞いています。佐藤君も奥さんも娘さんもいい人なので、今でもウソの証言をしたことでは悩んでいるらしいので気の毒でなりません」

確かに支援運動が強ければ、高安や佐藤が供述に転じなかった可能性はある。ただしそれは革命を志す側の一方的な思い込みにすぎなかった。

難波が国民救援会の会長に就任したのと同時期、村上国治は「党創立四五周年にあたり」と題するメッセージの中で、誇らしげに次のように書いている。

「わたしたちはただこの党だけが、けがれない、高潔な、犠牲をおそれぬ党であること、それゆえにもっともおそれられ、もっともきびしい迫害にさらされはするが、最後の勝利へ

の確信にみち、どんなときでも楽天的でいられる党の党員であることをうれしく思います」（一九六七年七月一五日の日記）

「わが党創立の当初のころから、またその後のもっとも困難であった時代に、人民解放のために生涯をささげたいくたの先輩同志の血のにじんでいる網走刑務所より、わたしもまたこのうつくしい党の一員にふさわしい人間に近づけるように努力をつづけることをかたく誓います」（同）

革命の先の、バラ色の未来を信じていた。

網走刑務所の「先輩同志」とは、市川正一《いちかわしょういち》、国領五一郎《こくりょうごいちろう》、徳田球一、宮本顕治らを指す。市川に関する記述はほかにも一九六八年二月二一日の日記にも登場する。六四年二月の詩には次のように出てくる。

「横に三歩　たてに六歩　冷たく固き『箱』に一八年　とじこめられて獄死せる　市川正一わするな」（『村上国治詩集』「網走で」）

「網走の独房の壁に　顔すりつけ　市川　国領　徳田のにおいかぐ」（同）

なぜかここに、宮本顕治の名は出てこない。

10　獄中の受賞

当時の共産党では、革命スタンスの違いから日本社会党への批判が強くなっていた。

一九六七年四月、『赤旗』紙上に掲載された「極左日和見《ひよりみ》主義者の中傷と挑発」と題する論文の中で、社会党の平和革命一本やりで社会主義革命を成し遂げようとするスタンスを批判し、平和革命と武力革命の〝両面戦略〟の必要性を強調していた。

共産党は「五一年綱領」に基づく暴力革命路線から方針を転換、敵《てき》の出方《でかた》論という〝両面作戦〟を説き始める。つまるところ、この時点でも暴力革命路線は〝放棄〟されていなかった。

翌六八年の『前衛』（一月臨時増刊号）掲載の不破哲三の論文「日本社会党の綱領的路線の問題点」も、当時の立場を代弁するものだ。

一一月になると突然、村上の日記に腕立て伏せを行う回数が記載され始める。当初は三〇回くらいからのスタートだったが、だんだん回数が増えていった。仮出所に向けた体力づくりの思いがあったのだろう。

同じ月、沖縄の行政主席公選（現在の知事選）が行われ、革新系の屋良朝苗《やらちょうびょう》が勝利する。関連の立法院議員総選挙（現在の県会議員選挙）で、公民権を回復した瀬長亀次郎《せながかめじろう》も当選し、村上の喜ぶ心境が日記に記載されている。北海道出身の村上が、獄中から沖縄のことも気にしていた。

日本共産党員の模範的な姿がそこにはあった。
この時期、仮出所を前提にした面会調査が何度か行われている。一九六八年一二月の面会で村上は白鳥事件の細部について聞かれている。「だれがこの白鳥事件をやったと考えているか」というストレートな質問に、村上は次のように答えたと日記で明かす。

「警察内部の対立か、あるいは米軍関係か、または白鳥警部に何か不正を内偵されていたものたちによる事件ではないかと考えている、と答える」(一九六八年一二月一一日の日記)

どこまでも注意深く振る舞っていた。出所後を意識した革命家としての面持ちだったのだろう。
翌六九年、山田清三郎の『小説白鳥事件』の第一部と第二部が刊行される。村上は出版よりやや遅れて第一部の差し入れを受けた。四月に読了する。

「山田先生のあらゆる資料を駆使されたたいへんなご苦労に深く感謝す」(一九六九年四月二六日の日記)

村上が網走刑務所にいる時代に手続きされた再審請求は、この年の六月、札幌高裁で一審の決定が言い渡された。結果は〝請求棄却〟だった。

国民救援会の難波会長は自著で「松川闘争に学んで、一日も早く村上さんを釈放させ、無罪判決をかちとるようにせねばなりません」と書いたが、一審とはいえ、裁判所は再審の門を〝開けない〟決定を下した。村上の落胆は大きかった。「決定書」を渡された日の日記にこう記している。

「こんどこそとつよく期待していたのにまたしてもウラギラレタ。にえ湯をのまされた。裁判官というものは、本当にしようのないものたちだ」（一九六九年六月一八日の日記）

「各社四〇社も正門におしかけ釈放になって出るところをテレビにとろうとかまえている、という。それほど、報道関係も、こんどこそ再審がみとめられると期待していたのに」（同）

再審請求審では新しい証拠も提出された。

もともと白鳥事件の物証は弾丸三発にすぎない。白鳥警部の体内にとどまっていた一発と、幌《ほろ》見峠《みとうげ》の大捜索で発見された二発の弾丸である。これらの線条痕《せんじょうこん》が一致することで、同じけん銃から発射されたものとして有罪になっていたが、幌見峠で発見された弾丸は時間がたっていた割には腐食《ふしょく》のないものだった。そのため同じ期間実際に埋めてみて、どの程度腐食するかを実験したところ、ほとんどの弾丸が腐食する結果が出た。弁護団はこれらの証拠をまとめて提出した。弾丸が同一のものでなければ、村上有罪の物証は全面崩壊につながる。村上側の期待はことのほか大きかった。だが裁判所の判断は変わらなかった。

悪いニュースのあとにはいいニュースも入って来た。

翌週のことだが、村上に国際的な賞が贈られることになった。当日の日記を引いてみる。

「夜、ラジオニュースでベルリンの世界平和会議で沖縄人民党の瀬長さんにジュリオ・キュリー平和賞、そして僕にギリシャの暗殺されたランブラキス氏を記念する賞（平和運動犠牲者）があたえられたと。びっくり。ギリシャの殺された闘士の名を汚《け》がしてはならない」

（一九六九年六月二八日の日記）

このニュースは党機関紙『赤旗』（六月二八日付）にも掲載された。沖縄の瀬長とは異なる賞ではあったが、同時期の〝アベック受賞〟となった。

村上が受けたランブラキス賞は、関係者が東京から証書を持参し、七月一一日、総務部長室で授与式が行われている。

話は変わるが、同年夏の東京都議会選挙で日本共産党は議席を倍増（一八人当選）。七〇年代の躍進が始まっていた。一方、庶民層で活動範囲が重なる公明党とのぶつかり合いも生まれていた。この都議選がその重要な契機となる。

11　一七年ぶりの仮釈放

七月一八日、網走では珍しい三一度の高温となった。村上は「こんな暑い日は網走にきてはじめてのような気がする」と記した。

秋もふけた一一月一〇日、村上が食堂でめしを食っていると、職員の一人から「一四日に出るぞ」といきなり非公式な形で告げられている。待ちに待った仮出所の連絡だった。

ラジオでも同じ内容が流れたようだったが、ニュースが始まるといきなり切られたという。日記に次の記載がある。

「感想といっても、べつにとび上るほどのうれしさも出てこない」（一一月一一日）

「市川正一、徳田球一をはじめ、あのころのみんなは、ここにいたのだ」（一一月一二日）

ここでもなぜか宮本の名は出てこない。

一一月一三日、監獄法に基づく釈放前日の特別入浴が実施された。昼間からたった一人で大浴槽に浸かれる特別対応で〝釈前入浴〟とも呼ばれた。

「もうここにくることもあるまい」

前日の日記に記している。

翌一一月一四日、起床の号令がかかる。いつものように布団を片付け、顔を洗った。

出所は午前中に行われる。全国の支援者代表およそ一〇〇〇人が網走刑務所の正門に駆けつけた。

シャバに出て、正門前で一七年ぶりにマイクを握った村上は、あらかじめ用意したあいさつ文を読み始めた。

「この判決に承服しない私を、八年も刑期を残して、なおかつ仮釈放という形ではありますが出さなければならなかったということは、これはひとえに、全国の大ぜいの方がたの、党派をこえたみなさま方の、御支援、御同情のたまものにほかならないと心から感謝しております」

つづけて語った。

「党派をこえたじつに大ぜいの方がた、社会党をはじめ、総評・全道労協、その他大ぜいの方がたの御支援であります。京都の偉いお坊さんからキリストの牧師さんまで、それから立《りっ》正佼成会《しょうこうせいかい》の方まで、なかには創価学会《そうかがっかい》の方までが、何回も何回も私にお手紙をくださったり、励ましの言葉をよせてくれました。ある東京の創価学会の方はこういう手紙をくれました」

出所のあいさつで村上は意外なことに言及し始めた。夏の東京都議選で火花をちらしたばかりの公明党と共産党。その公明党の支援者である創価学会員が、村上に励ましの手紙をたびたび送っていたという。まさに党派を超えた国民運動となっていたことの証左だった。村上はこう語る。

「『だまされたと思って、毎日一日一万回お題目を唱えれば、南無妙法蓮華経を申し上げれば、間違いなく釈放になるから、だまされたと思ってやってみなさい』こういう手紙をいただきました。私は、しかし、ついに最後までお題目を一言も唱えずに、日蓮《にちれん》さんには申しわけないのでありますが、出てしまいました。神や仏さまを信じておられるみなさまには、申しわけないのでありますが、もしこの世に、神や仏がありますならば、無実の人間が刑務所に入れられるような、馬鹿なことはないはずでございます」

村上は最後に声明文を読み上げる。

「一七年にわたる不当な拘禁《こうきん》がことごとく解かれました」
「網走刑務所を出獄するにあたり、私は今後ともあくまで無実をはらすとともに、これからの私のすべてを平和と人びとの幸せのために捧げたいと決意しています」
「正しい者はいつかは必ず勝利します」

村上の〝第三の人生〟がこのとき始まった。難波英夫は次のように書いている。

「四四年（＊一九六九年）一一月、村上さんは釈放になったんだけど、その時はもちろん大勢で網走まで出迎えに行った。厳重な門が開いて彼が出てくると、どっと取りかこんだ。彼は、その門の前でみんなにあいさつしたあと、くるっと後ろをふり返ってね、刑務所の中に向って大声で、『みんな身体を大事にしてがんばって……外で会ったらラーメンでも一緒に食べような……』って別れのあいさつをした。みんなびっくりした。いわゆる模範囚とかなんとかいうんじゃなくて、やっぱり自分をすててやってきた。そういう態度が自然に出てきたんだろうね。そのあとすぐ、『もう、刑務所で菊作りができなくなって残念だ』なんて笑ってるんだから」（『一社会運動家の回想』）

長岡千代の回想によると、一行は午後一時、車に乗り込み、故郷の比布町に向けて出発した。

12　北の村上、南の瀬長

比布町長や町議会議長も網走に迎えにきていた。三〇人ほどを乗せたマイクロバスが村上を先導する。

四年前、母親の葬儀出席のために同じ道を通った時は初夏だったが、すでに秋も深くなっていた。

夜、弘誓寺の本堂で開催された集会に懐かしい面々が顔を揃えた。二〇年近くぶりに自宅で夜を過ごした村上国治は、仏壇の前に端座《たんざ》し、長い間、母親の遺影をながめていたという。ほどなく新しい布団に入り、ぐっすりと寝入った。

年が明けた一九七〇年元旦も、村上は実家で過ごした。甥《おい》や姪《めい》たちと親しく飲み交わし、一月七日には二〇数年ぶりに上京した。

村上は太平洋戦争開戦が迫る東京で、無線通信士の資格をとるため半年ほど学んだ時のことを思い起こした。戦後、全国農民大会で目にした荒れ果てた東京の姿はすでになく、完全に復興を遂げていた。

政党、労組、民主団体などへのあいさつ回りを済ませ、翌二月にも上京。日比谷公会堂で出獄を祝う記念集会に出席した。「村上国治氏出獄歓迎　白鳥事件再審要求中央大集会」と題する集会に、二一〇〇人の参加者が集まった。

二月二三日には出獄とランブラキス賞受賞記念祝賀会が、私学会館で開催された。

このころ、国会では言論出版妨害事件が問題となり、共産党は公明党攻撃の急先鋒となっていた。前年の都議会選挙からつづく政党間対立がピークを迎えていた。

国会が終わり七月に入ると、共産党は第一一回党大会を開く。

大会は数日かけて行われたが、沖縄の戦後初の衆院選挙（一九七〇年一一月）で当選する瀬長亀次郎が上京、初日に沖縄人民党委員長として来賓あいさつを行った。一方、村上国治も初めて党大会に参加し、五日後に瀬長と日付は異なるものの「正義は必ず勝利する」と題して来賓あいさつした。

村上と瀬長。年齢こそ瀬長が一五歳ほど年長ながら、党内にあっては〝不屈党員〟の二大双璧《そうへき》といえた。最高幹部の宮本が「北の村上、南の瀬長」と二人を鼓舞したのは、このころのことと思われる。

村上は獄中一七年にわたって潔白の主張を続け、党派を超えて支援を集める有名人にほかならなかった。瀬長も米軍支配下の沖縄にあって那覇市長に当選、米軍から強制的に職を解任されパスポートを奪われても信念を曲げず、地元で圧倒的な支持を受ける政治家だった。

瀬長は沖縄の地域政党である「人民党」の書記長、委員長を歴任してきたが、この政党が日本共産党の実質的な〝別動部隊〟であることは党内でも知られていた。

村上と瀬長。共に獄中生活をへて、信念を曲げずに戦い抜いた〝いぶし銀〟のような党員二人だった。

いまから振り返ると、村上の冤罪は〝クロ〟にすぎなかったが、党を守るために虚偽の主張を繰り返し、ひたむきな姿勢で支援者らを鼓舞し続けていた。

五〇年後の創立一〇〇周年記念演説会（二〇二二年九月）で、委員長の志位《しい》和夫は「不屈性」の象徴として瀬長亀次郎の名前を挙げたものの、村上国治の名を出すことはなかった。

当時、すでに宮本顕治は、白鳥事件の冤罪説が虚偽であると知っていた可能性がある。

第一一回党大会では党機構への変更を加え、委員長ポストを新たに設けた。さらに書記局長ポストを新設。初代委員長に宮本顕治が就任し、初代書記局長に不破哲三が抜擢された。

宮本は五八年の第七回党大会で書記長に就任。以来、党務の責任者を一二年間務め、〝表の顔〟である野坂参三を支えながら実質的に党内を支配した。その宮本が七〇年、委員長に就いた事実は、実態面だけでなく、名目の上でも「宮本体制」が確立されたことを意味した。

13　再審請求の終結

村上国治が党大会に出席した翌年（一九七一年）、国治は弟と共に母親の墓を故郷に建立した。費用にはベストセラーとなった『網走獄中記』の印税が当てられた。

村上家の主治医を自負する藤井敬三の著作『かたくりの花』によると、墓石に大きく刻まれた「真実」の文字は、「東京の守る会の剣道と書道の師範の松延市次《まつのぶいちじ》」が書いたものだった。平たくいえば東京の支援者である。

松延は福岡県八女《やめ》郡の出身で、村上とは〝同世代〟の一九二四年生まれ。国語学者であり、剣道七段の猛者。宮本武蔵の『五輪書』の国学的研究で知られた人物でもあった。墓地は比布町を見下ろせるやや高台に位置し、そばに高速道路が通る。かなたに大雪山《だいせつざん》を見渡せた。

この年（一九七一年）、『小説白鳥事件』の最後の巻となる第四部が刊行され、一連のシリーズが完結した。東京の文京区民センターで五月、「全四部完結祝賀会」が開催された。

山田清三郎による村上の仮釈放までを描いたこの作品は、村上の無実を前提に構成された事実に基づく小説だった。今となっては根本が虚偽であったことから、作品としての価値はなきに等しい。それでも細部の情報には参考にできる部分もある。

出獄後、村上は全国で無罪運動の先頭に立った。北海道の小樽市や旭川市でも自らハンドマイクを握った。白鳥廣が小樽署長、旭川署長を歴任したのに合わせ、村上らは街宣活動を行った。

一九七一年七月、再審請求の異議申立審（二審）の決定が札幌高裁で言い渡される。結果は再びの〝棄却〟だった。

そこから最高裁決定が出る一九七五年五月までの四年近く、村上の無罪を求める「国民運動」は、いやまして全国規模で展開された。

その途中の一九七二年三月、日本国民救援会会長の難波英夫が代々木病院で死去した。八四歳だった。難波は再審請求の結論（白鳥決定）を見ることなく旅立った。中央本部事務局長の齋藤《さいとう》喜作《きさく》は次の文章を綴っている。難波の人間性を示す文章としてそのまま引用する。

弾圧に対してははげしい怒りをもやしていた難波さんが、自分のことや、奥さんのこと、子供さんのことについて語るのを聞いたことがありません。難波さんは、転々と借家をかえました。（中略）

どんな清貧にも耐えて来た難波さんにとって、もっとも苦しかったのは一九五九年頃だったと思います。というのは、当時の中央本部の役員会が「難波さんの常勤を解く」ということを決めようとしたからです。つまり、難波さんの生きがいにして来た救援会にもう来なくてもよいというのです。

なぜこうなったかというと、当時、救援会中央本部の財政は、ほとんど中国から送られた救援金に頼っており、こういう不正常な救援会運営は許されないということになったからです。

中央本部の加盟団体は一〇にも満たず、また全国の救援会員は二〇〇〇人にも達していなかったのですから、当時の中央本部常勤者二人をまかなえないどころか、一人分にも満たない財政規模だったのです。すると難波さんは「給料はもらわなくてもよいから、常駐することを認めてほしい」と、声涙下る訴えを役員会でやり、ついに難波さんの常勤は認められたのです。当時は、松川事件の被告がまだ五人も拘留されていたし、また**白鳥事件の村上国治さん**も、さらに横川事件の被告が五人も下獄していたのですから、「難波さんは、毎日救援会にでて来なくてもよい」と、いわれたことがどれほど悲しかったか。それほど難波さんは犠牲者と救援会を愛していたのです。（『一社会運動家の回想』「難波さんと救援会」、太字は筆者）

一九七二年五月、沖縄が本土復帰を果たすと、村上はさっそく沖縄に足を伸ばす。初めての沖縄訪問だった。一〇月には二四回目の全国現地調査が札幌と網走で開催された。

翌七三年、最高裁で最終決定が出そうだとの予測報道が出始める。再審を求める「白鳥事件中央集会」が九段会館で開催され、一〇月一八日に札幌の地から「白鳥大行進」が出発した。二週間後の一一月二日、東京の最高裁判所前に到着。一〇〇万人の署名を達成する。

そのころ、白鳥事件に関わった関係者に〝異変〟が起きていた。一二月、中国の天津《てんしん》港から貨物船に乗って川口孝夫夫妻と桂川良伸がひそかに帰国。以後、続々と関係者が戻る流れとなった。

だが日本共産党は彼らを「中国から帰国の五人　いずれも反党盲従分子」（赤旗・一九七五年一二月二八日付）などと反逆者扱いした。帰国した関係者の流れを一覧にすると次のようになる。

一九七三年　川口孝夫夫妻・桂川良伸
一九七五年　植野光彦、斉藤和夫
一九七七年　門脇戎
一九七八年　大林昇

第六回全国協議会を挟み、五五年から五六年にかけ、第一勝漁丸などの党専用の密航船で中国に渡っていたメンバーだった。日本に戻ったのは重要容疑者となる実行犯ではなく、間接的に犯行幇助《ほうじょ》するなどした罪の軽いメンバーばかりだった。

このうち帰国して二カ月ほどの川口孝夫は七四年二月、日本武道館で開かれた農民春闘の中央集会で、たまたま村上国治と顔を合わせた。懐かしそうに声をかける川口に、村上はその場で思いがけない行動をとった。川口の著書からそのまま引用する。

「武道館の前で村上国治氏と偶然鉢合わせになった。七三年の一二月に帰国して以来、私は中国に残っている『関係者』の家族を探していた。村上氏なら知っているはずだと思い声をかけたが、彼は最初、『どちら様でしたか』などととぼけている。彼は私の入党推薦者である。その私に向かって『どちら様でしたか』はあまりである。二言三言の会話の後、彼も『やあ、やあ』ということになった」(『流されて蜀の国へ』)

「彼は『時間がない』と言って立ち去ろうとする。彼の連絡先を聞くと『国民救援会に来てくれ』と言い残し、そそくさと行ってしまった。この時以来彼と会うことはなかったが、その時の彼の驚き様を忘れることはできない」（同）

川口は村上と同じ北海道の出身で、入党を勧めた張本人は農民組合時代の村上だった。その村上に他人の振りをされたというのだから、川口にとってはショッキングな出来事だったにちがいない。後年次のように書いている。

「この時のクニさんには私が知っている昔の覇気や迫力が感じられず、私はなんとも言い難い寂しさを感じた」（『いまなぜ『白鳥事件』の真相を公表するか』）

〝冤罪ピエロ〟を演じていた村上にとって、事件の真相を知る川口の出現は自分の立場を脅かしかねない存在に見えたのだろう。ましていつ最高裁決定が出てもおかしくない、差し迫った時期に当たっていた。

一九七四年、再審を求める国民運動で九月に緊急アピールが発せられる。当時の共産党や社会党だけでなく、初めて公明党が加わった。

一九七五年、最終結論は出ていなかったが、国民運動はより一層の盛り上がりを見せた。全国で集められた署名数は一四〇万人に達し、地方議会の再審要望決議も一五〇議会で採択された。

全国現地調査は二八回を数えた。この現地調査が村上無罪運動を全国展開する〝白鳥活動家〟の供給源となっていた。

五月二〇日、いよいよ最高裁で最終決定が下される。だが特別抗告は〝棄却〟となった。第一次再審請求は、認められることなく、確定することになった。

数少ない証拠といえるピストルの弾丸が警察による偽造の疑いが濃くなり、最高裁で差し戻し判決が出ることが期待されていた。だが報われることはなかった。

このとき「白鳥決定」という異例の決定が下される。〝再審無罪〟が開かれるきっかけがつくられた。

五月二一日夕刻、村上は弁護団とともに赤坂の東京合同法律事務所で記者会見を行った。次のように語っている。

「まったく、いいようがない。（中略）なんで再審が開かれないのか。それでも無実の者が救われないとするなら、今日の最高裁判所は裁判所ではない。腹が立ってしょうがない」

（赤旗・一九七五年五月二二日付）

七月二六日、東京の平和と労働会館で開かれた集会で、白対協（白鳥事件中央対策協議会）は正式に解散される。一九六二年三月に結成されて以来、一三年あまりの活動期間となった。解散決定時の日本共産党委員長は、宮本顕治である。

村上国治が本当に冤罪であったのなら、この時点であえて白対協を解散する必要はなかった。運動を継続し、さらなる第二次、第三次の再審請求を模索することも可能だったからだ。実際にそのような軌跡をたどった冤罪事件は幾つもある。

白鳥事件の調査をしてきた小樽商科大学の今西一《はじめ》名誉教授は、「あれだけカンパを募っておきながら運動を解散したことを否定的に見ている人は今も多い」と事情を説明する。

宮本は村上が「クロ」であるとの事実を認識していたがゆえに、早々と幕引きを図った可能性がある。

※

村上が、日本国民救援会に新たな職を得たのは、白対協が解散されてわずか四日後のことだった。裁判で有罪判決を覆すことはできなかったが、彼の新しい活動が、この年の夏から開始された。

第五章　日本共産党の関わり

「51年綱領」が突然削除された
『日本共産党綱領集』（1970年発行）

1　暴力革命が前提

日本共産党・国際派の元幹部で、その後宮本路線と対立して除名された亀山幸三《かめやまこうぞう》という元党員がいる。戦前の京都大学を出た英才だが、亀山は戦後の同党を次のように説明する。

「初めの五年間は合法活動ができるようになって急膨張したときで、徳田時代といっていいと思う。次の五年間のうち、初めの二年間（昭和二五、六年）は党内の分裂抗争の時代で、後の三年間（二七、八、九年）と昭和三〇年夏の六全協までは、志田重男・椎野悦郎《しいのえつろう》の極左冒険時代といっていいように思う。それから昭和三三年の七回大会、三六年の八回大会までを、宮本のヘゲモニー確立の第一期というべきであろう」（『代々木は歴史を偽造する』）

日本共産党が「日本の解放と民主的変革を平和の手段によって達成しうると考えるのはまちがい」と記す初の党綱領「日本共産党の当面の要求」（いわゆる「五一年綱領」）を採択したのは一九五一年秋のことだった。

〝スターリン綱領〟の異名をもつ「五一年綱領」は、同党の綱領文書をまとめた『日本共産党綱領集』（一九六二年）によれば、一九五一年八月の第二〇回中央委員会総会で承認され、同年一〇月一六日から一七日に行われた第五回全国協議会（党大会に代わる決議機関）で採択された。七年後に開かれた第七回党大会において、第一書記（党首）となっていた野坂参三は、五一年綱領が採択された第五回全国協議会は「ともかくも一本化された党の会議であった」と報告している。

一九五一年末から五三年にかけ、日本共産党が関わったとみられるテロ・騒乱事件が全国で相次いだ。日本国民救援会発行の『救援会小史　前編』（一九七〇年）によると、次のような事件が続いて起きている。

「この年（一九五一年）一二月二日の柴又事件で飯田三七氏等七名が軍事裁判にかけられ、一二月二六日には、印藤巡査の他殺事件を、小田原製紙の労働者にかぶせた練馬事件があり、年を越えて一九五二（昭和二七年）になると、**一月二一日に白鳥事件**、二月三日に田口村事件、二月二一日に蒲田《かまた》事件（この種の反植民地闘争の集会デモは全国二六カ所で行われている。）四月五日の小坂事件、四月三〇日の辰野事件、五月一日のメーデー事件、五月三〇日の岩之坂事件、六月一日の菅生《すごう》事件、六月七日の宮操事件、六月二四日の吹田《すいた》事件、枚方《ひらかた》事件、七月七日の大須《おおす》事件、七月二九日の芦別事件、七月三〇日のあけぼの事件、八月七日の横川事件があり、その最後が一九五三年四月九日の青梅事件とつづくのであるが、そのすべてが、朝鮮侵略の米帝国主義戦争に対する抗議であり、日本の米軍基地化反対の闘争であり、独立

と平和と民主主義を守る大衆行動であり、これに対する弾圧反対の運動であった」(太字は著者)

事実としては、これらのすべてが共産党の犯行というわけではなかった。ただ事件が集中して起きたことは明らかだ。その根源となった「五一年綱領」について、三年後(一九五五年七月)に行われた第六回全国協議会において、宮本顕治(政治局員)は「かがやかしい新綱領」と絶賛した。事実、それ以前の同党の歴史において、暴力革命が前提となっていたことは明らかな事実だ。

『日本共産党綱領集』(一九六二年版)では、立党時の綱領草案(一九二二年)に「労働者の**武装**」という項目がある。三二年テーゼには「帝国主義戦争の**内乱への転化**」という記載も見られる。いずれも党の重要方針として明記されたもので、同様の記載は当時の『アカハタ』にも随所に見られる(太字は著者)。

当時の党員の認識として、革命の手段は〝内乱誘発〟にあり、内乱に乗じた武力を用いての権力奪取を目指していた。

同党が「五一年綱領」を〝廃止〟するために議論したとされる討議内容が、五六年七月二日付の『アカハタ』(二面)に掲載されている。第七回中央委員会総会(一九五六年六月二八日開催)で、「独立、民主主義のための解放闘争途上の若干の問題について」決議した内容を紹介、全文公表したものだ。

その記事によると、想定した〝内乱〟をともなう革命方針がもはや時代にそぐわないものとなり、「『平和的』に成立しうる可能性がある」として、「五一年綱領」を「今日の事態に適合しないものになっている」と方針転換した。

総会決議の中で、「内戦」の語が三回繰り返されている。そのことからも同党が「内戦」や「内乱」（三二年テーゼ）による革命を想定していたことは明らかだ。

「五一年綱領」は五八年の第七回党大会で正式に廃止される。さらに六一年の第八回党大会で新綱領（通称「宮本綱領」）が策定される流れとなった。

宮本は「六一年綱領」で暴力革命の意味をもつ用語を削除した上で、中央委員会による報告において〝敵の出方《でかた》論〟を提唱。同党が平和革命と非平和革命（暴力を伴う革命）の両面に備える〝二刀流〟の方針に変化した瞬間だった。

その後現在に至るまで、形式上はこの路線が継続されたままだ。

その証拠に、同党は綱領の中に「平和革命だけに限る」と明言する趣旨の文言を書き加えた事実がない。さらに非平和革命（暴力革命）を党大会で正式撤回した過去もない。つまり革命の態様について、平和革命と暴力革命の〝二刀流〟を維持したままの状態がつづいているとみなされても仕方のない状態だ。

その結果、破壊活動防止法を所管する公安調査庁が、日本共産党を暴力革命の方針を堅持しているとの立場にたち、同党を調査対象に指定し続けているのは理由のないこととはいえないだろう。

以上の経緯に立ち返れば、一〇〇年を超える同党の歴史の中で、少なくとも創立の一九二二年から「五一年綱領」を廃止する五八年までの三六年間は、暴力革命のみを志向した時代と位置づけられる。

日本共産党は暴力革命を前提にしながら、世界革命を目的として出発した国際共産主義運動の日本版政党であり、その後も暴力と平和を共存させながら歩んだ歴史と理解できる。

コミンテルン（国際共産党）はその加入条件の一つに、加入を希望する政党には「どこどこの国の共産党」（第一七条）という名称の呼称を義務づけていたが、日本共産党はそのコミンテルンの原則をいまも忠実に守る政党だ。

2 「五一年綱領」と宮本顕治

一九五一年夏に策定された「五一年綱領」は、当時の国際共産主義運動においてはスタンダードな内容にすぎなかった。

平和的な革命方法を否定したかに見えるこの綱領は、「武装準備の方針を開始しなければならない」との軍事方針とともに党内で徹底された。

一九五〇年一月のコミンフォルム声明への考え方の違いにより、「所感派」と「国際派」に分裂した同党だったが、五一年綱領が採択されるころには、主流派である所感派（徳田執行部）の党に、ソ連・中国から〝分派〟のお墨付きを受けていた宮本ら国際派の面々も戻っていた。この間、日本共産党が分裂したのはわずか一年ほどの期間にすぎない。

同党の歴史を記載した『日本共産党の七十年　党史年表』（一九九四年）によると、志賀義雄や袴田里見など国際派の面々は、五全協（五一年一〇月）以前に自己批判書を提出して党に戻っていた。同様に宮本顕治も党に復帰していた。ただし宮本は肝心の自己批判書を党内資料として記録に残していない。

だが、宮本らは五五年の六全協に至るまで分裂が続いたかのような〝架空の党史〟をこれまで演出してきた。

ソ連・中国の方針に従い、国際派が所感派に合流した後、同党は「五一年綱領」を採択、全国規模で「武装準備の方針を開始」した。各地に中核自衛隊と称する地下組織を結成した。それらは日本の軍隊組織である「自衛隊」結成以前のことであり、「自衛隊」の名称は、実際は革命政党の日本共産党が先に使い始めた経緯がある。

札幌でも新任委員長の村上国治によって、中核自衛隊が組織された。

日本共産党が暴力的破壊活動を進めた一九五一年から五二年、形の上では両派は統合され、一つの党に戻っていたが、当然ながら宮本ら「国際派」が主導権をもっていたわけではなかった。

一九五二年七月、党書記長の徳田球一が『アカハタ』紙上で〝撃ち方止め〟を示唆する文書を公表。その後、五五年七月までの三年間、党内において活発といえる活動は展開されていない。分裂した両派が同じ傘の下にまとまったとはいえ、互いに罵《のの》り合った内紛の傷は容易には癒《い》えなかった。

その間、一九五三年三月にソ連の領袖《りょうしゅう》であったスターリンが死去。この出来事が国際共産主義運動に大きな影響を及ぼした。

日本の中心者であった徳田球一も同じ年の一〇月、後を追うように中国で逝去した。同党はこのとき戦後の〝大黒柱〟を失う。

徳田逝去の報は五五年七月の第六回全国協議会まで、一般党員には秘匿され、二年近く伏せられた。幹部党員でも知っていた人間は一部に限られる。

前後して、「北京機関」内部に権力闘争が生まれた。徳田の秘書的な役割を担っていた伊藤律がスケープゴートの対象となり、野坂参三らが立ち回り、宮本ら国際派が復権する〝流れ〟が形成された。

六全協では、徳田の死去を公表し、所感派と国際派の二つの派閥合同の事実を内外にアピールする意図があった。ただしそれはあくまでも〝演出〟にすぎず、実際は宮本ら国際派の面々が五一年秋の時点で主流派党へ復帰していた事実は繰り返すまでもない。

六全協で党第一書記（党首）に任命されたのは野坂だった。任命主体は当時のソ連と中国である。宮本顕治も機関紙部門の責任者（中央委員）としてこのとき中央幹部に復帰した。

同年八月、東京・日本青年館で六全協説明会（六全協記念政策発表大演説会）が開催された。登壇した宮本は、五一年綱領についてこう語っている。


「この決議にある日本の革命運動の基本方針とはあの**かがやかしい新綱領**がわれわれにしめしたものです。数年間の経験はこの新綱領が示した道が**まったく正しかった**ことを証明しています。この綱領は今回の決議の**みちびきの星**であります」（太字は著者）

宮本が語った「新綱領」は当然ながら、「五一年綱領」を指す。

宮本は、暴力革命を明文化した「五一年綱領」を、六全協で採択された党の統一決議の〝みちびきの星〟と持ち上げていた。

「『五一年綱領』の示した道が正しかったことは数年間の党の経験が証明している」とも絶賛していた。宮本が語った「数年間の経験」とは、白鳥事件など暴力的破壊活動を含んだ期間であることも明らかだ。

党の合同を〝演出〟した五五年夏の時点でも、宮本がスターリン綱領といわれる「五一年綱領」を持ち上げ、党員らに絶賛していた事実は揺るぐことがない。「五一年綱領」は、五八年の第七回党大会で廃止されるまで、都合七年にわたり、日本共産党の〝正規の綱領〟として、同党の活動の中心にあった。

3　撤回された綱領

党第一書記となった野坂は、三年後の第七回党大会（一九五八年）で新ポストとなる「議長」に就任した。同時に宮本が徳田以来空席となっていた「書記長」への就任を果たす。

野坂・宮本の二頭体制は、一九七〇年に宮本が党委員長に就任するまで、一二年にわたり続いた。

前回の第六回大会が一〇年以上前の四七年に開催されていた事実は、その間の党運営の不安定さを物語る。

一九五八年七月二三日、第七回大会で政治報告を行ったのは野坂だった。

野坂はこのとき、「一九五〇年から六全協にいたる期間は、戦後の党活動のなかで、もっとも複雑で、苦難な時期であった」と総括する。

さらに一九五一年二月の第四回全国協議会が、「党の分裂状態を決定的に固定化した」と振りながら、「八月一四日のモスクワ放送を契機として、全国統一会議の結成を準備していた中央委員たち（＊宮本顕治らのこと）は下部組織を解体して、臨中のもとに統一する方向にすすんだ」と説明を加えた。さらにこう述べる。

「一九五一年一〇月にひらかれた第五回全国協議会も、党の分裂状態を実質的に解決していない状態のなかでひらかれたもので不正常なものであることをまぬがれなかったが、ともかくも一本化された党の会議であった」

五一年綱領についてはこう言及した。

「この綱領には若干の重要な問題についてあやまりをふくんでいたが、しかし、**多くの人びとに深い感銘をあたえ、かれらのたたかいを鼓舞し、激励した**」（太字は著者）

その上で綱領の改訂を提案した。

「六全協の決議は、全体として党の前進に積極的な役割を果したにもかかわらず、五一年綱領が完全に正しいと規定した。しかし、その後の党活動によって、五一年綱領にあやまりのあることが明らかになった」

「したがって、党中央委員会は、この綱領の改訂を提案する。これが本大会の主要議題の一つである」

さらに結語部分において、野坂は「不正確と誤りをもっていた『五一年綱領』をあらためて、（中略）全党が確信をもって前進することのできるような綱領をつくりあげよう」と呼びかけた。

この大会で「五一年綱領」の何が問題とされたのか。

三日後の七月二六日、中央委員会常任幹部会員として登壇した、宮本顕治の「綱領問題についての中央委員会の報告」を見てみよう。

宮本はこのときの報告で、「五一年綱領は一つの重要な歴史的な役割を果した」と強調し、次のように総括した。

「六全協決議が『新しい綱領が採用されてからのちに起ったいろいろのできごとと、党の経験は、綱領にしめされているすべての規定が、完全に正しいことを実際に証明している』と書いているのはただしくなかった」

つまり、六全協での自身の主張が正しくなかったと正面から認めた形となっていた。

「根本的に変化した国際情勢とサンフランシスコ条約以後の日本の情勢において、われわれが革命を平和の手段によって達成する可能性はあり得ないと断定し、自らの手をしばりつけることは、再検討を必要としている」

さらに次の説明を行っている。

「五一年綱領が『日本の解放の民主的変革を、平和の手段によって達成しうると考えるのはまちがいである』という断定をおこなって、そのような変革の歴史的・理論的可能性のいっさいを思想としても否定して、いわば暴力革命不可避論でみずからの手を一方的にしばりつけているのは、あきらかに、今日の事態に適合しないものとなっている。したがって、七中総の決議は、**どういう手段で革命が達成できるかは、最終的には敵の出方によってきめることである**から、一方的にみずからの手をしばるべきでないという基本的な見地にたっておこなわれた必要な問題提起であった」（太字は著者）

宮本はいわゆる「敵の出方論」に言及した。

加えて五一年綱領は暴力革命不可避論で、平和革命の余地をみずからの手で縛《しば》っているという点で「今日の事態に適合しない」と説明を加えていた。結論としてこう述べる。

「党中央委員会はあたらしい綱領的文書を作成し、現綱領にかえる必要があるという結論に達した」

以上からわかるように、野坂も宮本も、当初は五一年綱領の存在を手放しで持ち上げていたものの、同じように綱領撤回を提案し、新綱領策定を改めて提案する事態となっていた。これに従い、次の第八回党大会で「六一年綱領」が策定される。

第七回大会で書記長に就任した宮本が新綱領策定の責任者となった。

この大会で五一年綱領を「撤回した」事実は、それまでの期間、五一年綱領が厳然と党内部に存在したことの何よりの〝証明〟だ。

ちなみに、第七回大会で三人の最高幹部の除名確認が決議された。

○伊藤　律（一九五三年九月一五日除名、五五年七月第六回全国協議会で確認）
○志田重男（一九五六年九月一二日党籍喪失宣告、五七年五月二一日除名を追認）
○椎野悦朗（一九五八年七月四日除名）

伊藤律は徳田球一の最側近ともいえる〝片腕〟だったが、徳田の死去に伴う党内力学の変化で、野坂参三らから責任を押し付けられ、中国に幽閉《ゆうへい》される身となった。志田と椎名は軍事闘争時代の最高責任者であり、二人とも徳田派の重鎮だった。

ちなみに第七回大会が開かれたのは、村上国治の一審判決（無期懲役）が出た翌年、新聞が「白鳥事件の主犯らを逃がす」と人民艦隊関係者の逮捕を報じた年のことだ。大会では七月二九日、「いまなお獄中および法廷でたたかっている全国千数百名の犠牲者諸君にたいし心からのあいさつをおくる」（アカハタ・七月三〇日付）として「弾圧事件犠牲者の救援にかんする決議」が満場一致で採択された。

一九五八年一〇月、議長になってまもない野坂は、札幌の大通拘置所で初めて村上国治と面会。日本共産党の最高幹部が、わざわざ札幌の拘置所に出向いた事実は、全党あげて村上をバックアップしようとした事実を裏づける。その後も、拘禁中の村上のもとを多くの党幹部が面会に訪れた。

一九六一年九月に袴田里見、六二年二月に志賀義雄と面会した。いずれも当時の最高幹部だ。野坂は六六年になると網走刑務所に移っていた村上のもとを再訪問。野坂は二度までも拘禁中の村上を訪ねた。

一方、書記長として実権を振るっていた宮本顕治が獄中の村上を訪ねた記録はない。宮本が当初からこの事件に距離を置いていたことを示唆する。

繰り返しになるが、野坂が村上と大通拘置所で初めて面会したのは「五一年綱領」を撤回した党大会からわずか二カ月後（一〇月八日）の時期だった。村上は獄中で自ら逮捕される原因となった「五一年綱領」撤回の動きを、どのように受けとめていたのだろうか。

4　新たな「六一年綱領」

「五一年綱領」に代わる新綱領採択のための党大会（第八回大会）が開かれたのは一九六一年である。綱領策定の中心となったのは前述のように書記長の宮本顕治だった。そのため六一年綱領は〃宮本綱領〃と通称される。

新綱領策定にあたり、党内では常任幹部会委員であった春日正一《かすがしょういち》らの除名騒動が勃発した。春日は日本社会党と同様の「平和革命」一本路線に固執し、敵の出方論を主張する宮本ら〃二刀流〃の方針と真っ向から対立した。党大会の「中央委員会の綱領（草案）についての報告」で、宮本は次のように語っている。

「春日が書いた『前衛』一九五七年一二月号の論文にある革命の平和的移行唯一論に典型的にみられるように、**社会民主主義的見地への完全な転落**である。わが党は、このモスクワ声明とまったく同じ立場にたって、平和的移行の可能性を実現することが、労働者階級と全人民の利益に、民族全体の利益に合致するという見地をとり、その可能性を実現するために当然力をつくすものであるが、闘争の経過はわれわれの意図だけにかかるものでなくて、敵の出方による、と正しい立場に一貫してたっている」

宮本は春日への批判をさらに次のようにつづけた。

「春日が、党から脱走するにあたって発した文書のなかで、わが党の綱領草案を、『……あの火炎ビン時代の五一年綱領の系統をふむもの……』とひぼうしているのは、二重三重に、その反党的反階級的本質を暴露したものである。すなわち、**わが党は、いわゆる五一年綱領を正式に廃止したが**、このことは五一年綱領のなかの、平和的移行の可能性を全般的に否定している見地をとらないことを意味する」（太字は著者）

これらからわかるように、争点は、「五一年綱領の系統をふむもの」と春日が批判した六一年綱領の〝二刀流路線〟と、暴力革命を完全に排除し、平和手段に限る革命を主張した春日路線との対立にあった。その過程で、春日らは除名される。

いまから振り返ると、現在の日本共産党執行部はこのときの春日らの主張を踏襲《とうしゅう》している。党の主張はいつのまにか除名された側に〝反転〟してしまった。

ところで「六一年綱領」は幾つかの重要な特徴をもっていた。一つは情勢認識の特異性だ。世界情勢について次のように規定していた。

「社会主義陣営は、民族独立を達成した諸国、中立諸国とともに世界人口の半分以上をしめる平和地域を形成し、平和と民族解放と社会進歩の全勢力と提携して、侵略戦争の防止と異なる社会体制をもつ諸国家の平和共存のために断固としてたたかっている。世界的規模では帝国主義勢力にたいする社会主義勢力の優位、戦争勢力にたいする平和勢力の優位がますますあきらかになっている」

社会主義陣営を〝平和勢力〟、資本主義陣営を〝戦争勢力〟と一方的な態度で規定し、社会主義陣営の優位性を強弁していた。しかも「世界人口の半分以上をしめる平和地域」と誇っていた事実も象徴的だ。

最後に綱領の目的とする社会像が次のように描かれていた。

「原則としていっさいの強制のない、国家権力そのものが不必要になる共産主義社会、真に平等で自由な人間関係の社会が生まれる」

ユートピア的な夢想主義だった。

ちなみに第八回大会で、党大会では初めて「白鳥事件」の名が入った「松川事件・白鳥事件その他弾圧との闘争にかんする決議」が採択された。

「とくに松川事件差し戻し判決は目前にせまっており、白鳥事件の村上国治同志は一〇年におよぶ獄中生活の中で、病におかされながら不屈のたたかいをつづけている」

村上を称える内容はさらに続く。

「第八回大会は、わが党のすぐれた闘士村上国治同志の即時無罪釈放を要求し、その実現のためにたたかうことを決議する」

決議は六一年七月二七日付で採択された。その前年（一九六〇年）、村上は札幌高裁で懲役二〇年の有罪判決を言い渡された。無期懲役から二〇年に減刑されたとはいえ、無罪を勝ち取ることができないまま、有罪となった点は同じだった。それだけに「わが党のすぐれた闘士」との名指しの称賛は、獄中の村上を勇気づけたと思われる。

5　宮本を批判した不破兄弟

話は変わるが、表舞台にまだ登場していなかった不破兄弟（上田兄弟）が、「五一年綱領」をめぐる党内ドタバタ劇を客観的に記述した書物が存在する。その本は六全協からまもない五六年から五七年にかけて発刊された。書名は『戦後革命論争史』で、共産党系の大月《おおつき》書店から上・下巻で上梓されている。著者は上田耕《こう》一郎となっているが、同書のはしがきには次の記載がある。

「本書の完成には、畏友《いゆう》不破哲三の全面的協力にあずかった。全篇にわたって討論をくりかえしたばかりでなく、第一篇第六章・第二篇第六章および第七章・第三篇第四章は分担執筆をもしていただいた。本書は事実上両人の共著というべきもの」

不破哲三とはいうまでもなく第二代党委員長であり、上田耕一郎の実弟・上田建二郎《けんじろう》のペンネームにほかならない。つまり、実際は耕一郎と建二郎（不破哲三）の二人による共著であることを明記している。

戦後の共産主義革命の論争史を客観的な視点から描いた内容で、上巻（一九五六年一二月発行）には「新綱領の問題点と極左冒険主義」という章が入っていた。「新綱領」は言うまでもなく、当時まだ廃止されていなかった「五一年綱領」のことだ。

不破兄弟が二人で「討論をくりかえした」と明記するこの章で、宮本顕治ら国際派の行動を厳しく批判した箇所がある。次の部分だ。

「（＊国際派の）最大の誤りは、中委（＊党中央委員会）が分裂したという非常事態が生まれた以上、規約にない分派的組織の結成もやむをえないとして、原則的党内闘争を放棄したことにあった。臨中指導下（＊国内に残っていた所感派の党主流派指導部）に結集して、正しい節度ある党内闘争によって中委の分裂その他の指導部の誤りを正すべきであった」（＊内は著者）

つまり、不破兄弟は、宮本らの〝最大の誤り〟として、最後まで原則的な行動をとらなかったことを痛烈批判していた。

この二冊の書籍が出た当時、宮本はまだ中央幹部の一人にすぎず、書記長に就任する以前のことで党内権力を握りきれていない時期。若き優秀な兄弟は何らの忖度《そんたく》もなく、自分たちの主張を率直に活字にしていた。

若き日の不破兄弟が、宮本らの行動について、「規約にない分派的組織を結成した」「原則的党内闘争を放棄した」「正しい節度ある党内闘争によって指導部の誤りを正すべきであった（のにしなかった）」と全面批判していた事実は重要だ。

この時点において不破兄弟の認識においても、宮本らこそが「分派」にほかならなかった。その「分派」の立場を入れ換え、自らを「主流派」にし、徳田らを「分派」として武装闘争の責任を〝全面転化〟するようになったのは後のことである。

後年、党内権力を掌握した宮本が、自らの立場を危うくしかねないこの書籍を問題視したのは必然的な流れだった。後述するが、発刊から二五年以上すぎた一九八三年七月、党理論誌『前衛』（八月号）で、不破哲三は自己総括ともみられる反省文「民主集中制の原則問題をめぐって」を書かされている。

ちなみに『戦後革命論争史』の中で、「五一年綱領」が当時の日本共産党で必要とされた背景について、兄の耕一郎は次のように説明していた。

「五〇年以後、世界的に各国共産党が続々と、新綱領を作成していったのは、東ヨーロッパと中国の人民民主主義革命の貴重な経験を摂取《せっしゅ》して、第二次大戦後の新しい国際情勢に対応できるだけの新しい共産主義運動の理論と戦術を明確にしていくことが緊急に必要となったからであった」

「日本共産党の新綱領もまた人民民主主義革命の日本での具体化として民族解放民主革命を提起した」

二人の兄弟ともに当時は「五一年綱領」の必要性を認めていた。それが党内の平均的な理解でもあった。

「約一ヵ年間の共産党の分裂は、組織的解決としてはコミンフォルムの八・一〇論評による臨中への統一と、思想的解決としては新綱領『日本共産党の当面の要求』の提示によって終結させられた」

当時の不破兄弟の認識においても、同党の分裂期間は「一年」にすぎない。

6　北と南の不屈党員

二〇二二年九月に行われた日本共産党創立一〇〇周年記念演説会は、新型コロナウイルス禍《か》から抜け出せない中、インターネットで全国中継された。

同党では創立の月である七月に最高幹部が記念演説を行うのが通例となっている。この年は一〇〇年に一度の特別な演説に当たっていた。

宮本顕治、不破哲三に続く、三代目の委員長となる志位和夫は、通常より三〇分ほど長い二時間三〇分演説したが、テーマの一つに「不屈性」が打ち出された。

その象徴として取り上げられたのが、戦後の困難な時期を乗り越え、党の土台を築いた功労者とされる宮本顕治元議長と最初の妻・百合子の行動だった。

さらにもう一人、「不屈性」の象徴として紹介されたのが、戦後の一時期、沖縄が米軍施政下にあって合法的に活動できなかった時代、「沖縄人民党」の名称で活動し、地元で絶大な信頼を勝ち得た瀬長亀次郎だった。二〇二二年は沖縄の本土復帰（一九七二年）から五〇年の佳節にも重なっていた。

前述のとおり、一九七〇年七月、まだ本土復帰していない沖縄から上京した瀬長亀次郎は、日本共産党の第一一回党大会において登壇し、連帯のメッセージを寄せた。同じ会場で五日後に登壇したのが、北海道から上京した村上国治だった。

「北の村上、南の瀬長」

宮本顕治は〝不屈党員〟の象徴として二人を宣揚した。

村上はこの大会に出席するまで一七年間、獄中にとどめおかれたままだった。一貫して否認を続け、懲役二〇年が確定した後も、全国の共産党関係者はもちろん、革新勢力や党派を超えた善意の支援者らに支持されてきた。いわば無罪運動のヒーローだった。

その模範党員の不屈精神を、当時の宮本が誇らしげに語ったのが「北の村上、南の瀬長」だった。それから半世紀――。

志位和夫は、一〇〇周年記念演説会の席上、「不屈党員」の象徴として宮本夫婦と瀬長亀次郎の名前は挙げながらも、村上の名を掲げることはなかった。

7　宮本顕治と白鳥事件

ここで戦後の日本共産党の最大の立役者となった宮本顕治と、白鳥事件の関係についてふれておきたい。

宮本は戦前の一九三一年、二二歳で入党した古い党員として知られ、スパイと疑われた仲間へのリンチ殺害に関わった人物としても有名だ。短期間ながら村上国治と同じく網走刑務所の服役経験をもち、戦後は徳田球一らとソリが合わず、党分裂の際は「少数派」に転じた。

取り残された宮本らの行動は、既述のとおり、若き日の不破兄弟からも批判される有り様だった。

宮本は一九五五年二月の衆院選挙（東京一区）に党公認で初出馬、七月の六全協で中央幹部に復帰した。五八年の党大会で書記長に就任、党の全権を担う立場となった。その後は七〇年に委員長に昇格し、名実ともに同党のトップに君臨した。

宮本は徳田が進めた暴力路線推進の「所感派」と反目したため、白鳥事件の発生時、事件に直接は関わっていない。だが宮本が一九五五年に中央幹部として復帰し、書記長就任以降のことは無関係とはいえない。そのころ、白鳥事件でどんな事態が進んでいたか。

事件関係者は一九五五年四月から順次、中国に国外逃亡を図った。裏には党本部によるバックアップがあった。

関係者の逃亡は一九五六年になってもつづいた。最後は同年三月、第一勝漁丸で川口孝夫夫妻、鶴田らがかの地に渡った。

川口孝夫は北海道の軍事委員会に所属した経歴をもち、実行犯らの逃亡援助に関わった。〝知りすぎた人間〟として扱われ、妻とともに一八年近く、中国に流される身となった。帰国後、本人が自費出版した『流されて蜀の国へ』（一九九八年）に次の記述がある。

「宮本氏は北京機関や『自由放送』など、六全協前の日中両党の関係を追及されると、党が分裂していた時期のことであり、徳田派のやったことで我々には関係がない、と言って逃げている。しかし、少なくとも私の追放については、関係がない、とは言わせない。私が中国に渡った一九五六年三月という時期は、党が統一して既に一年が経ち、志田重男氏も中央からいなくなっており、明らかに党中央の実権は宮本氏に握られていた。つまり当時、党内で私をペテンにかけ中国へ追放することのできた人間は、志田氏でも誰でもない宮本顕治氏以外にいないのである」

繰り返しになるが、宮本は党の最高幹部にありながら、野坂参三、袴田里見などと違い、獄中の村上を訪ねることはなかった。接触を避けていたとしか思えないフシがある。

村上が一九六九年に仮出所後、七〇年初頭に党本部を表敬訪問した際も、来訪を伝える『赤旗』記事（一月九日付）に宮本の名はあるものの、掲載された写真の中に宮本の姿はない。一緒に写ることを避けたとしか思われない。宮本が村上のことを「冤罪被害者」と思っていたのなら、喜んで写真に一緒に収まったはずだ。

宮本はどの時点で、村上らが〝クロ〟という真相を察知したのか。

野坂が札幌の拘置所に村上を初めて訪問したのは一九五八年一〇月。野坂はその二ヵ月前に議長に就任したばかりだった。

翌五九年一一月一八日、党の中央員会総会において、初めて「白鳥事件にかんする決議」が採択される。前年の第七回党大会で「弾圧事件犠牲者の救援にかんする決議」が採択されていたが、それに続く、白鳥事件に特化した最初の決議となった。一部を引用する。

「朝鮮侵略戦争前後をつうじ、党と労働者階級弾圧のため一連の陰謀が米日反動によっておこなわれた。一九五二年一月二一日北海道札幌市に起こった白鳥警部射殺事件も、明らかに党弾圧のための陰謀事件であった。この結果、北海道の党のすぐれた幹部村上国治同志が殺人のぬれぎぬをきせられ、他人のうその自白で、八年間も牢獄にとじこめられ、無期懲役でおびやかされている」

「党は、村上同志の無罪釈放を強く要求するとともに、当面、八年にわたる長期拘禁から、村上同志を即時釈放することを要求し、全党をあげて白鳥事件の真相の宣伝と救援運動を強化することを決議する」（アカハタ・一九五九年一一月二一日付）

さらに六一年に宮本綱領の路線が確立され、六二年になって白鳥問題対策協議会（略称・白対協《はくたいきょう》）が東京で結成された。このときから党をあげての支援運動が始まった。

この方式は先行していた松川事件の運動方式を取り入れたもので、松川事件対策協議会の結成から四年遅れの立ち上げとなった。宮本自身、このころまでは白鳥事件の真相について知らなかった可能性がある。

白対協が結成された一九六二年、共産党は『日本共産党綱領集』を発刊。翌六三年、村上の懲役二〇年の刑が最高裁で確定し、網走刑務所に移送された。六九年に仮出所するが、その間、野坂は六六年にも網走刑務所の村上のもとを訪問している。

党をあげて進めた「村上無罪運動」の流れは、もはや容易に戻ることはできなくなっていた。加熱しすぎて止めることはできなくなっていた。そのことは自ら〝ピエロ〟を演じ続けた村上も同様で、そうした状況を容認した宮本らを含む最高幹部も同じだった。

必然的に一九七五年の最高裁決定において、村上国治の再審請求が棄却確定するまで同じ流れが続いた。

全国で署名が集められ、多くの地方議会で決議が採択された。この時点で宮本は運動をきっぱりと止めさせることを決断する。その証拠が一九七五年七月の白対協解散であり、村上国治の再就職先の確保だった。

川口孝夫らが帰国したのが一九七三年一二月。その後も帰国者の流れは七八年まで断続的に続いた。すでにこのころ、宮本らは川口らの動向を注意深く見守っていたと思われる。

一九七五年、党が村上国治に次の就職先を世話したところで、事実上、党と村上との道義的な関係は終わった。

一〇年後、村上が些細《ささい》な窃盗事件で新聞沙汰となったとき、党にとって村上はもはや〝用済《ようず》み〟の存在となっていた。

8　党史改ざん過程

手元に一九六二年、日本共産党中央委員会によって発刊された黒表紙の『日本共産党綱領集』(新版)がある。できたばかりの「六一年綱領」を収録、党創設時からの党綱領やそれに準じる文書を時系列に整理し、当時の党員らの学習用に提供した資料集だ。

当初は「第一部」が戦前編、「第二部」が戦後編となっていた。

「第二部」の中ほどに「綱領　日本共産党の当面の要求(一九五一)」(いわゆる「五一年綱領」)が掲載され、つづけて「日本共産党綱領(第八回党大会決定　一九六一)」(いわゆる「六一年綱領」）が記載される構成となっていた。

私はこの綱領集を発刊時期を違えて五冊ほど所持しているが、調査したところ、一九七〇年の二三刷までの発行を確認することができる。その間、編集内容が三段階にわけて微妙に変化していた。内容的に三種類のバージョンがあるわけだ。

当初の版では、一九二二年の創立時から時系列で綱領類が並べられていたものの、途中からその時点で最も新しかった「六一年綱領」が最初に来るという順序変更の改定がなされていた。ただいずれにおいても「五一年綱領」と呼ばれる「綱領　日本共産党の当面の要求」は過去の正式な綱領として収録されていた。

だが「五一年綱領」が忽然と《削除》されるのが、一九七〇年八月に発行された二三刷だ。調査した範囲では、一九六二年の刊行から六八年一一月発行の一九刷までは一貫して「五一年綱領」の収録を確認できる。

結論として、それ以降の二〇、二一、二二、二三刷のどこかで、同党にとって都合の悪くなった「五一年綱領」が秘かに《削除》されたことになる。要するに、都合のよい党史改ざんである。綱領集には党創設以来の綱領やそれに準じる文書がすべて収められ、党員が党の歴史を学ぶ上で有用な学習資料となっていた。だが同党は、かつて存在した綱領を〝なかったもの〟として削り取る行動に出ていた。この時期に何があったのか。

二三刷が発行された同じ年の一九七〇年七月、第一一回党大会が開かれた。このとき党の最高権力者である同党最初の「委員長」に上り詰めたのが宮本顕治であり、この大会で宮本は「七〇年代の遅くない時期に民主連合政府を」と呼びかけ、新たな前進へ出発していた。同時に書記局長に抜擢されたのが不破哲三である。このとき宮本・不破の師弟コンビが目に見える形で誕生していた。

党を挙げて「五一年綱領」の隠蔽《いんぺい》を始めた時期と、宮本体制が確立された時期の一致は無関係とはみなされない。ちなみに不破は自身の党委員長就任後の八三年七月、自己批判の論文を『前衛』（八月号）に掲載させられ、宮本に〝忠誠の姿勢〟を示した。

前年（一九六九年）一一月に仮釈放されていた村上国治が、この第一一回党大会に招へいされて来賓あいさつした事実はあまりにも皮肉だ。「五一年綱領」に基づいて命懸けで行動し、一七年間の獄中生活を余儀なくされた張本人が村上だった。その行動の源泉であった「五一年綱領」が、もはや党内においては〝門前払い〟されていた。

党史改ざんのタイミングが、宮本委員長の就任時期と一致する事実は、いくら強調しても強調しすぎることはない。党史改ざんを発令した人物が宮本であったことを何より証明しているからだ。

第六章　冤罪死刑囚を救う「白鳥決定」

「白鳥決定」をくだした最高裁判所

1　再審拒否と白鳥決定

白鳥事件の再審請求（特別抗告審）は一九七五年五月、最高裁で棄却の決定が下された。村上国治の法廷闘争は最終的に勝利に結びつくことはなかった。

この事件の証拠はもともと銃弾三発しかなかったが、その銃弾に重大な疑義が示されていた。一九七一年七月の異議審（二審）の決定から四年近くかかった歳月に司法の苦渋が見てとれる。二審で合議体（三人の判事）の一人を務めた木谷明《きたにあきら》は後年、次のように書いている。

「刑事局の先輩の小林さんが関与された原決定（＊再審請求の一審）は、弁護人が提出した新証拠によっても、弾丸が本件のような状態で発見されることがないとはいえないという理由で、再審請求を棄却しましたが、私はこれに疑問を持ちました。新証拠によって確定判決が依拠した証拠にここまで疑問が提起された以上、再審を開始して審理し直すべきじゃないか」（『「無罪」を見抜く』）

さらにこうつづける。

「長期間山中に放置された弾丸に応力腐食割《おうりょくふしょくわ》れが生じない確率はゼロではありませんが、二個とも生じない確率は限りなくゼロに近いのです。でも合議体のあとの二人の裁判官は、『こんな事件で再審なんか開始できるもんじゃない』ということで、異議は棄却だということになりました」（同）

五〇年後のいまから振り返ると、法規範的には「再審」を認めるべき事案であったかもしれない。何より物証が少なすぎた。だが重要な供述において方向性は一致していた。佐藤、追平、高安の三人の供述に致命的な矛盾は見られなかった。加えて、村上が外部に発信した秘密通信文の存在が、最高裁判事らの心証を決定づけていた。

前述のとおり、再審請求の二審（異議申立審）では、三人の裁判官のうち一人が「再審を開始して審理し直すべき」と主張していた。だが結論は多数決で決められる。残り二人はその主張を認めなかった。

最後の特別抗告審では、白鳥事件の広範な無罪運動を目にした判事たちは再審請求そのものを棄却しながら、このままでは職責を果たせないと考えたのか、判決冒頭に「白鳥決定」が置かれた。

最高裁では第一小法廷の五人の判事のうち、団藤重光《だんどうしげみつ》（刑事法学者）と岸盛一《きしせいいち》（刑事裁判官）の二人が再審要件を広げる自説を強硬主張したとされる。

その結果、白鳥決定には、「疑わしきは被告人の利益に」という刑事裁判の鉄則が再審にも適用されるべきであり、確定判決の事実認定に合理的な疑いが生じれば再審を開始できる旨が書き込まれた。この意義について、木谷は次のように書いている。

「白鳥決定より前は、ほとんど再審は認められなかった。でも、白鳥決定が出てから、ともかく形の上では『疑わしきは』の原則が適用されるということになりました。新証拠が全然なければダメですが、ある程度の新証拠が出て、それが旧証拠を一定程度、弾劾《だんがい》するというものであれば、それを前提にして新旧全証拠をもう一遍、検討し直すべきだということです」（『「無罪」を見抜く』）

朝日新聞社が一九八四年にまとめた『無実は無罪に』では、「白鳥決定」について次のように解説する。

「再審ラッシュのきっかけをつくったのは、五〇年（＊一九七五年）五月のいわゆる最高裁『白鳥決定』である。それまで再審は『あかずの門』といわれてきた。その扉を開くには、それだけで確定判決を覆《くつがえ》せるようなパンチ力のある証拠が求められた。無罪になりたいのなら自分で真犯人を捜し出してこい、と要求するのにもそれは等しかった。そうしたかたくなな姿勢を改め、新証拠と以前の法廷に出ていた旧証拠とを総合考慮して、もし新証拠が以前の法廷に提出されていたら、確定判決とは違った結論に達していたかも知れぬという疑いが生じた場合には、ともかくも再審の門を開くようにしよう――白鳥決定はそう呼びかけたものだった」（『無実は無罪に』）

だが、当初からそのように受け取られたわけではない。村上の再審請求の道が閉ざされたことにより、白鳥決定について当初は「単なる弁明としか思わなかった」（佐野洋『現代再審・えん罪小史』「ある失望」）との見方もあったからだ。

そうした見方が変わるのは翌年一〇月、同じ最高裁第一小法廷で財田川《さいたがわ》事件の再審請求の地裁差し戻し決定がなされてからだ。木谷は次のように説明する。

「その後に出された財田川事件で、再審の門を事実上さらに広げる決定が出されました。現在でも、白鳥・財田川決定は、再審事件の原点みたいに言われています」（『「無罪」を見抜く』）

「白鳥決定」は「財田川決定」とセットになることで意味のあるものとなった。そのため、この二つを合わせて「白鳥・財田川決定」と称することもある。

ともあれ、村上国治による第一次再審請求は〝不発〟に終わった。

本人は二年くらい前から最高裁の最終決定が出るかもしれないとの観測のもと、全国を飛び歩いていた。

その間、一〇〇万人署名を達成したほか、一年半の間に署名はさらに四〇万人増え、再審開始を求める要望決議は一五〇府市町村議会に達した。

都道府県では京都府と大阪府が決議したほか、札幌市をはじめ、全国の広範な国民運動となった白鳥無罪運動は、共産党や社会党だけでなく、同じ野党の一角の公明党をも巻き込んだ。その事実からも当時の運動の広がりようがうかがえる。

2　国民救援会

白鳥問題対策協議会は一九七五年七月、解散される。村上は、新たな職場として、日本国民救援会に迎え入れられた。

国民救援会は不当逮捕に対抗するための組織として一九二八年四月に結成された共産党系の団体である。立ち上げには野坂参三も参加していた。「救援会の生みの親が徳田球一氏であることはあまり知られていない」（『救援運動物語』）と書き残したのは、後に会長となる難波英夫だ。

国民救援会は一九七五年全国大会で組織拡大三カ年計画を打ち出し、会員二万人の達成目標を掲げた。村上はそうした時期、〝冤罪事件〟を戦い抜いた模範党員として「副会長」に迎え入れられた。

村上を好意的に歓迎した組織の様子は機関紙『救援新聞』（月三回刊）の紙面からもうかがえる。村上は会員拡大のための〝広告塔〟の役割を果たし、運動を推進する側に立った。

一年目に、地域担当として島根と九州が割り当てられ、村上は国民救援会の活動が手薄だった九州各県に働きかけ、組織づくりに邁進《まいしん》した。一年もたたずに九州四県に組織を立ち上げ、熊本、大分などで結成式を行っている。翌年には佐賀県でも組織を立ち上げた。この間、私生活も順調に見えた。

一九七七年、五四歳で支援者の女性と結婚、横浜市鶴見区の集合住宅で一緒に暮らし始めた。この年、長男を授かっている。

同年六月二五日、懲役二〇年の刑期が満了し、公民権を回復した。七月一〇日に行われた参議院議員選挙には、日本共産党員として久方ぶりに一票を投じることができた。一〇数年ぶりの投票だった。

同じ七七年の夏、日本国民救援会主催で「第八回北海道の自然と真実を訪ねる夏の旅」が企画される。村上はガイドの一人として連れ添った。

日本国民救援会の五〇周年となる一九七八年、待望の沖縄県に組織が結成され、結成大会に出席した。同年六月、『救援新聞』に村上の長男が顔写真入りで登場したほほえましい記事がある。

この記事の中で、母親（村上の妻）は長男が医者か弁護士になるように望んだが、父親（村上）は野球選手になることを期待した。

これらの記事を読む限り、国民救援会での最初の四年間は〝順風〟そのものに映る。変化が生じるのは五年目の一九七九年ごろからだ。

まず機関紙上の村上の露出が明らかに減った。前述の夏の北海道ツアーは確認できる範囲で第一一回（八〇年）まで開催されていたが、その翌年、名称を「北海道一周・夏の旅」と変えた。ツアー名から「真実」の文字が抜け落ちたのは何やら象徴的だ。

一九八〇年の全国大会になると、組織担当からすべて外され、美術展のみの担当にさせられている。

国民救援会の美術展運動は一九七五年ごろに関西を中心に始められ、冤罪から人を救おうとする正義の心と美を求める心を連携させたユニークな試みとされてきた。もともとは救援活動の資金カンパに作品拠出で応じることがあったのを独創的な運動として結実させたもので、運動のテコ入れに村上の知名度が活用された。

ちなみに、村上から年賀状を受け取った農民運動の先達、北海道の五十嵐久弥《きゅうや》は一九八一年、「旗びらき」と題する小文を『赤旗』紙上に掲載している。新年の農村党支部の旗びらきに参加した際の様子をこう綴っている。

「私は一応の挨拶をしたあと、『またまたシラトリがいそがしくなりそうです。がんばります』と走り書きをした村上国治からの年賀状をもちだすと、みんなは一様に明るい親近感にあふれた顔になった。もっとも『去年の年賀状には村上の苗字がなくて胸くそ悪かったけど』と半畳《はんじょう》をいれるのもいたが、明るさは、国治無罪を頑《がん》として信じて疑わぬふてぶてしさをしめしていた」(『赤旗』「散策路」一九八一年二月一五日付)

最高裁(特別抗告審)の棄却決定から五年すぎた段階で、地元の同志たちは村上の無実を頑なに信じていた。

「苗字がなくて胸くそ悪かった」の記述は、結婚後、村上が村上姓から小林姓に変わった事実を指すのだろう。戸籍上、村上は「小林国治」に変わっていた。ただし日常生活においては元の村上を使うことも多かったようだ。

一九八一年夏、国民救援会の全国大会で、村上の組織担当は再び中国・四国地域に戻る。さらに八二年、東京・関東の責任者に変わった。だが八三年、再び地域担当からすべて外され、美術のみの担当に戻った。

このころ、村上の身に何が起きたのか。

これは憶測にすぎないが、何かの機会に、白鳥事件が冤罪でなかったことが知られるようになった可能性を否定できない。

事実、夏の引率旅行は、一九八二年から『救援新聞』紙上の広告掲載が消えた。さらに八三年には、元国民救援会の本部職員が中央本部員を誹謗中傷する文書を配ったとして除名処分になった。村上の二回目となる組織担当「外し」は、同じ年に行われている。

一九八四年には、唯一の担当であった美術部門においても、責任者の立場を〝剥奪〟され、副責任者に降格された。

村上が国民救援会で働いた一九七五年夏からの一〇年間、日本共産党では多くの重大な出来事が発生した。

一九七六年一月、宮本顕治委員長が戦前に関与したとされるスパイ査問事件について民社党の春日委員長が国会質問したことで社会問題となる。宮本らの査問した小畑達夫が柔道の技で締め上げられて絶命し、渋谷区のアジトの床下に埋められたいわくつきの事件である。

一九七七年には最高幹部の一人で宮本顕治の刎頸《ふんけい》の友だった袴田里見が除名された。

一九八〇年には中国で消息不明となっていた伊藤律が二七年ぶりに電撃帰国する。偶然だろうが伊藤律の帰国時期と、村上の一回目の担当降格は時期的に重なる。

第一勝漁丸などで大陸にわたっていた白鳥事件の関係者が望郷の念に耐えきれず次々と帰国した事実は既述のとおりだ。

一九七五年に斉藤和夫、七七年に門脇戍、七八年に大林昇が戻った。それは村上が国民救援会で働き始めた時期とそのまま重なる。そのたびにマスコミを騒がせ、必然的に村上は『救援新聞』紙上で自己正当化するためのコメントを繰り返した。

一九七九年、『救援新聞』で村上の露出が減ったのと時を同じくして、高松地裁で財田川事件の再審開始が決定された。福岡高裁でも免田栄の再審開始が決定される。いずれも「白鳥決定」による〝恩恵〟とされた。

一九八一年には財田川事件の再審初公判が開かれ、同年一一月二日、「再審・えん罪事件を支援する全国連絡会」が結成される。村上も呼びかけ人の一人として名を連ねた。

「全国連絡会」の結成には、千田是也《せんだこれや》、中山千夏《ちなつ》、松本清張など二八人の学者・文化人が呼びかけ人となり、青地晨《あおちしん》、小田中聰樹《おだなかとしき》、竹沢哲夫《たけざわてつお》、羽仁説子《はにせつこ》、**村上国治**の五人が代表委員となった。結成総会の記念講演の中で弁護士の竹沢哲夫が次のように語っている。

「私は、村上さんの仮釈放について再審にかかわっている者の一人として、実は大きな期待をもっておりました」(『現代再審・えん罪小史』「再審勝利をめざして」)

「大きな煙をもくもくとはいた力強いSLが現れて引っ張ってくれる。そして、じっさいに村上さんの白鳥号という機関車は、期待にたがわず再審事件で苦しんでいる人を、みんなつないで引っ張ってくれました」(同)

「松川から白鳥へ、そして白鳥決定を生み、弘前《ひろさき》、米谷《よねや》、加藤へとつづいて、今日の免田、

財田川、松山という死刑確定事件の再審開始にまで到達した」（同）

村上の存在が、凶悪事件の犯罪者とされた家族らのうちひしがれた心をつなぎ合わせ、運動を引っ張る役割を果たしてくれたと語っていた。

免田事件は一九八三年熊本地裁八代支部で再審無罪が確定、免田栄は三四年ぶりに即日釈放された。翌八四年、財田川事件の被告人・谷口繁義の再審公判でも無罪判決が出て、こちらも三四年ぶりに釈放される。

だがこの時期、道を開いた張本人のはずの村上国治は、国民救援会の中で微妙な立場に置かれていた。

入職して一〇年目の一九八四年夏、国民救援会は全国大会を一六年ぶりに北海道で開催、札幌大会を開いた。この大会で、国民救援会の目標であった会員三万人を達成、さらに五万人の目標を掲げて出発する。新たな会長に党員弁護士の青柳盛雄《あおやぎもりお》が就任。村上にとって自身の刑事裁判でも世話になったことのある恩ある弁護士の一人だった。だが村上の置かれた立場は惨《みじ》めなものに変わっていたようだ。

副会長でありながら地域担当からすべて外され、美術担当もかつての札幌時代の部下にすぎなかった責任者・金川三郎事務局長のもと、副役職へ降格させられた。やりがいのあるポストから外され、事実上、〝飼い殺し〟の状態となっていた。

村上による自転車泥棒事件が発覚するのはそれからまもなくのことだ。

3　堕ちた冤罪ヒーロー

「白鳥事件の村上元被告　自転車盗んだと送検」（朝日新聞）

一九八五年一月一八日、朝刊を開いた関係者は社会面の小さな見出しに目を見張った。産経でも同様の報道がなされた。北海道新聞の夕刊にも「村上元被告が自転車泥」の見出しが踊った。

これらの記事によると、前年一一月半ばの夜、村上は歩道に停めてあった三〇〇〇円相当の婦人用自転車（ママチャリ）を盗み、大宮駅と自宅間の移動に使用していた。一二月一五日未明、年末警戒中の大宮西署員の職務質問を受け、本人が犯行を認めたため、盗みの疑いで浦和地検に書類送検したという内容だった。本人の抗弁は次のようなものである。

「酒に酔っていたこともあり、駐輪場わきに山積みになって放置されていた自転車を拾ってきただけ。盗んだのではない」（朝日新聞・一月一八日付）

「自分の自転車を盗まれ通勤の足を奪われたので、目についたのをつい盗んでしまった」（北海道新聞夕刊・一月一八日付）

ＪＲ大宮駅から村上国治の自宅まで実際に歩いてみると二〇～三〇分の距離だった。盗まれたというのが本当であれば、確かに不便に感じたことは事実だったかもしれない。だが冤罪被害者を支援する仕事に従事し、なおかつ警察からマークされていることが明らかな村上が、窃盗と見られかねない行為に及んだのは油断以外の何物でもなかった。職場で仕事を与えられず、心理的に腐っていた時期と重なる。

この事件に対する国民救援会の反応は早かった。

同中央本部はすぐに対応策を発表。「日本国民救援会第四二回中央常任委員会」の名で、「村上副会長が起こした『不祥事』についての見解」という声明文を一月二〇日付で公開した。本人が事実であることを認めた旨を述べ、次のように指摘する。

「たとえ放置されている所有者不明のものであっても、自己のものと同様に使用することは、社会的道義に反する誤った行為であります。しかも弾圧に反対し、人権と民主主義を守って常に権力機関と対決している救援会の中心的幹部である村上国治氏が、かかる行為をおこなったこと、そのために官憲につけこまれ、マスコミにより宣伝されるにいたったことは、誠に残念であり、救援会と救援運動に大きな支持をよせられた会員諸氏と国民の皆様に深くおわびする」

その上で、本人から「中央本部副会長を辞任する旨の申し出があり、これを承認しました」と伝えていた。声明文は一月二五日付の『救援新聞』にも掲載された。

日本共産党員としてあってはならない事件であり、釈然としないものが残る。権力と戦いつづけてきた〝模範党員〟と称賛された村上にとって、忸怩《じくじ》たる思いがあっただろう。

息子はまだ小学校に入学してまもない時期。一九六二年から日本国民救援会で事務局長として働き、村上と同じく七五年に副会長に就任していた齋藤喜作は、著書で次のように書き残している。やや長くなるがそのまま引用する。

「一九八五年、私は第一線を退いて救援会中央本部顧問となったのだが、希望すれば中央本部の活動を手伝うこともできるという制度があったので、印刷や製本を担当することになり、主として各裁判の公判記録の印刷・製本や、各県でおこなう美術展のビラの印刷にたずさわった。同じ頃、村上国治さんは『自転車問題』の責任を痛感し、国民救援会の専従を続けるわけにはいかないと国民救援会中央での活動を強く辞退していた。いろいろと話し合った結果、村上さんは『救援美術展』の事務局を担当することになり、村上さんと私は国民救援会の会議室の一隅に机を並べ、専用の電話を引いてそれぞれの仕事をおこなった」（『無実の人々とともに』）

さらにこう書いている。

「村上さんの仕事は、美術展に出品して下さる画家を訪問し、作品を預かって帰ることが主たる任務であった。そして美術展会場で人手が足りないときは、作品の搬入や展示、さらには協力して下さる方々にその画家はどういう方であるかを説明するというようなこともやった。また年末には、出品して下さった画家を訪問して何がしかの謝礼を払うという活動もあった。それから三年ほどたって、村上国治さんは中央本部を辞めた」（同）

村上は副会長の職を辞したものの、その後三年くらいは職場に残って仕事をつづけたという。免田事件と財田川事件の再審公判が始まった一九八二年ごろ、村上は北海道新聞に登場し、次のように語っている。取材場所となったのは国民救援会だった。

「中国から関係者が帰国するなど情勢が変われば、すぐにでも再審を起こしますよ。なんとしても潔白を証明したい。だから弁護団も解散していないんです」（北海道新聞夕刊・一九八二年一月二二日付）

本人はこのとき「二度目の再審を起こす」決意を語っていたが、その後再審請求がなされることはなかった。自転車窃盗事件で党との関わりに決定的な亀裂が生まれた上、その姿勢そのものもハッタリにすぎなかったからだ。

4　野坂除名と「五一年文書」

退職後の様子について、前出の齋藤喜作は次のように書く。

「村上さんは、北海道のジャガイモやトウモロコシ、さらには塩鮭《しおざけ》や昆布などを仕入れて顔見知りの職場や地域に斡旋《あっせん》する事業を始めた。今の産直運動のようなものである。いろいろなことがあったが、やがてこの事業は順調に広がり、取扱量も多くなってきた。そこで、村上さんは相当額の資金を準備して北海道に仕入れに行き、貨車で東京の貸冷蔵庫に搬入するという計画を立てていた」（『無実の人々とともに』）

後日、村上の自宅跡周辺で聞き込みをした際、住民の一人は私の取材に次のように語っている。

「村上さんなら知っていますよ。自宅のそばでよく北海道の特産品を売っていました。スルメや昆布、かつお節などですね。それ以外の付き合いはなかったです。自転車によく乗っていたのを覚えています」（白髪の七〇代くらいの女性）

そのころ、村上本人にとって落胆しただろうとしか思えない出来事が頻発した。

一九八九年に伊藤律が死去。享年七六だった。野坂参三にはめられて中国の獄中に幽閉されたと語っていた伊藤の主張は、村上の耳にも届いていたはずだ。

一九九一年一二月、ソ連崩壊。三〇年前、村上が母親に当てて「今では働くものだけの国で、首切りの心配も何もなく、働くほど楽になり、労働者も自家用車をもっていますし、労働者も百姓も、五〇歳をすぎれば男も女も養老年金がついて楽に生きていける国になりました」（『ふるさとの母へ』）と誇らしげに語っていた〝社会主義の雄〟は、建国から六九年後、無残な結末をさらした。ソ連邦の成立と村上の出生は一〇日ほどの違いしかなかったため、村上自身もこのとき六九歳である。

一方、日本共産党はソ連崩壊を「もろ手をあげて歓迎する」と、極端な言い回しでソ連批判を開始した。ゴルバチョフの行動をこれ以上ないほどの言葉で〝否定〟し、自らに災禍《さいか》が及ぶ事態を避けようと躍起になった。これらを、村上はどのような思いで見ていただろうか。

一九九二年一月、裁判で最も世話になった弁護士、杉之原舜一が札幌市内で死去する。享年九四。村上は告別式に足を延ばすことなく、葬儀を欠席した。欠席理由は心理的なものだったのか、経済的なものだったかはわからない。

同年八月、国民救援会の全国大会で村上の後輩にあたる山田善二郎《ぜんじろう》が会長に就任した。

村上にとって、いやまして大きな心理的ダメージとなったのは、次の二点であろう。

一つは一九九二年、野坂参三の名誉議長の解任・除名騒動だ。

ソ連崩壊に伴いソ連の機密文書が自由に閲覧できるようになると、野坂がソ連時代に日本人同志を売っていた事実が「週刊文春」にすっぱ抜かれた。これを受け、不破執行部は野坂の役職を解任、除名決定を行った。戦後長らく日本共産党の「顔」となってきた人物が、一〇〇歳になって除名されるという異常事態だった。宮本顕治がまだ議長として執行部に残っていたので、宮本の意向も混じっていたはずだ。

二点目は一九九三年六月の党決定である。

日本共産党は「五一年綱領」を正式な綱領として認めないという従来の主張にとどまらず、「五一年綱領」の名称を新たに「五一年文書」と変更することを党幹部が明らかにした。村上からすると、どこまでいってもゴマカシの行動としか映らなかったはずだ。

同じ年の一一月、野坂は一〇一歳でこの世を去る。

村上が獄中にいたとき、だれよりも信頼を寄せた最高幹部こそ野坂だった。

「所感派」幹部の野坂と村上は心を合わせやすい面があったと思われる。村上は「五一年綱領」をだれよりも忠実に実践したからこそ、獄中一七年の苦境を強いられる結果につながった。

だがその野坂が党から〝追放〟されると、宮本体制のもとであからさまな党史改ざんが繰り返された。自分の出生とともに誕生したソ連邦も、見事に崩壊し、この世から消えてなくなった。

〈オレの信じた理想と人生は何だったのか〉

〝社会主義の申し子〟としてこの世に生まれたはずの村上国治が、負の感情にとらわれたことは想像に難くない。

村上は以前にもまして酒に溺《おぼ》れるようになった。姉の長岡千代は後悔まじりに記述している。

「国治は、いったいいつ頃から深酒をするようになったのでしょうか。国治の父は一滴の酒も飲めず、正月のおとそも神棚でカビていると母が笑っていたくらいです。身内にも大酒飲みはおらず、遠い祖先にでもいたのかと確かめてみたりもしました。そんな折り、ある人が私に言いました。『俺は国治に同情するよ。みんなに国治さん、国治さんと先頭に立つことを促され、「白鳥事件の村上国治」という看板を一時もはずせないんだ。美術展をやっても「白鳥事件の国治」の名で多くの人が協力してくれる。著名な画家や彫刻家も国治の依頼に応えてくれる。一方で英雄扱いの中傷もどこからか聞こえてくる。国治としても、なかなか大変だったと思うよ』」(『母と姉の心の叫び』)

さらにこう書いている。

「私は会うたびに、酒を飲むな、飲むなといい、決して酒を用意することがありませんでした」(同)

夜遅い時間、北海道の長岡家の電話が鳴ったのは一九九四年一一月四日未明のことだった。

5　申し子の死去

「白鳥事件元被告　小林さんが焼死」の記事が各紙朝刊に出たのは一一月五日。記事によると、一一月三日午後一〇時すぎ、村上家の木造二階建ての二階から突然出火した。二階の村上の部屋の電気ストーブが付けっ放しになっており、本人が「火事だ、火事だ」と叫んだものの、階下にいた妻と高校二年の息子は煙が充満したため助けに行けず、外に避難するしかなかったとある。

私自身が近隣住民から確認したところでは、息子が「おやじー」と半狂乱になって叫んでいたという。その住民は出火原因について、「ストーブの火が毛布に燃え移ったと聞いている」と語った。過去に同じ職場にいた前出の齋藤喜作は次のように書いている。

「九四年一一月三日、村上さんの自室から出火した。村上さんは『火事だ』と家族に知らせた後、隣の部屋に駆け込んだまま出てこなかった。息子さんが村上さんを助け出そうと炎の中に飛び込もうとしたが、消防士に止められたという。村上さんは焼《しょう》死体で発見された。あまりにも無惨だったので、奥さんは私たちに村上さんの死顔《しにがお》を見せなかった。これは私の推測だが、村上さんは相当多額の仕入れ資金を保管していたので、それを取り出そうとして隣室に入り、探しまわっているうちに炎にまかれてしまったのだろう。不屈の闘士をこうして失ったことは、残念至極《しごく》というほかない」（『無実の人々とともに』）

焼死体となって発見された村上の遺体は損傷が激しく、警察からは「見ないほうがいい」と、遺族がクギを刺されるほどだった。

齋藤は逃げ遅れた理由を金目のものを持ち出そうとして逃げ遅れたかのように記述しているが、真相は不明だ。白鳥運動に関わった人たちには、晩年の村上は自暴自棄から酒浸《びた》りの状態になっており、自殺とみなす人が多かった。

同日深夜、旭川の千代の電話が鳴ったとき、声の主である村上の妻は千代に謝った。

「お姉さん、申しわけありません。国治が焼け死んだの。今、警察から電話しています。二階から火が出て、助けられなくて、許してください！」

通夜は一一月五日午後五時、告別式は六日午前九時三〇分から大宮市営霊園「思い出の里」で行われた。村上の妻が喪主となった。

葬儀に出席した千代はこう記している。

「旭川に戻ってからも私たち夫婦は、この現実をなかなか受け入れられませんでした。夫も落胆を隠しませんでした。しかし国治はなぜ、あんな死に方をしたのでしょうか」（『母と姉の心の叫び』）

村上はたばこを吸わなかった。酒を飲んで眠ってしまったところに、電気ストーブと毛布が接触、発火した可能性が考えられた。

発火後、しばらくの時間的猶予《ゆうよ》があったはずだが、その間対応できていないことからすると、酔って眠っていた可能性も考えられる。故意の自殺か、事故死か。

千代は次のように回想する。

「残された者は国治の『魂』のありようをさまざまに思い、心は張り裂けそうになります。愛した故郷には住みつかず、朝夕、大雪山《だいせつざん》を見上げて田畑をおこすことなく、いちばん手塩にかけて育ててくれた心優しいキヌエ姉ともしみじみ語り合うこともできないままでした。私もいろいろ聞きたいこと、話したいことがあったのに、いつも忙しく時間がなくて、ただただ多忙の国治を見つめていただけで、いつかゆっくり話ができる時がくると思っていたのに、それも叶わず口惜しいかぎりです」(『母と姉の心の叫び』)

党中央機関紙『赤旗』は、村上国治の訃報を次のように伝えた。

「村上氏は、一九五二年、札幌市でおきた白鳥事件の犯人に仕立てあげられ裁判をたたかいましたが、六三年一〇月に最高裁の上告棄却決定により有罪が確定しました。しかし、無罪を主張し再審開始を求めてたたかい、大衆的な運動がとりくまれました。再審開始の決定には至らなかったものの、それまで『開かずの門』といわれていた再審開始の要件にも『疑わしきは被告人の利益に』という、刑事裁判の原則が適用されるという『白鳥決定』を勝ちとり、その後にあいついだ再審事件の裁判に道を開きました」(一九九四年一一月五日付)

記事には次の文章がつづく。

「日本共産党の宮本顕治中央委員会議長、不破哲三幹部会委員長、志位和夫書記局長は、村上氏の死去を悼み弔電をおくりました」

〝その後〟のことを近隣住民が証言してくれた。

「家が焼け落ちたあと、奥さんと息子さんは近くのマンションの一階で暮らしていました。奥さんは気さくな人でしたよ。その後息子さんが京都の大学に入ったとかで、向こうに引っ越されたそうです。焼けた家の跡は駐車場になっていましたね。奥さんの親戚の方が管理されていたようです」

村上が一五年近く暮らした大宮の自宅跡は、いまはまったく別の住民が家を建てて住んでいる。網走刑務所を仮出所し、東京に出てからの村上国治は、北海道の親戚との付き合いは次第に疎遠になった。結婚して子どもが生まれてからはなおさらその傾向が強くなった。

かろうじてつながっていたのが実姉の千代だったが、その千代も国治に一〇年遅れて霊山に旅立つ。国治の遺骨は、妻と同じ埼玉県の墓に納められ、故郷比布の母親や兄弟たちの眠る墓には入っていない。

第七章　事件を確定させた人たち

白鳥事件の真相を明らかにした２冊

1　再燃のきっかけ

村上国治が死去した後も、運動関係者の間で村上冤罪説は広く信じられていた。その痕跡は村上の死から三年後、長岡千代が上梓した『国治よ　母と姉の心の叫び』の次の記述からも明らかだろう。

「国治の無実は明白」
「謀略デッチあげ犯罪を構築した警察・検察権力」
「無念を完全に晴らし得なかった国治」

姉の長岡千代は二〇〇四年二月、九〇歳で他界するが、白鳥事件をめぐる様相が変化するのはそのころだ。きっかけとなったのは、一人の元党員の行動だった。

和多田《わただ》進。出版業界でこの人の名を知らない人はむしろ少ないはずだ。

北海道帯広市出身だった和多田は、若くして共産党員となり、法政大学で学んだあと、サイマル出版会などで書籍編集の腕を磨いた。その上で自らの出版社・晩聲社《ばんせいしゃ》を創業する。二〇〇五年、その和多田が山田清三郎著『白鳥事件研究』が新風舎文庫から再刊される際、改題出版された

『白鳥事件』の巻末に、いわくつきの解説文を執筆したことに始まる。

解説文のタイトルは「もうひとつの『白鳥事件研究』序説」――。元党員の和多田が、日本共産党の主張してきた冤罪説に疑義を呈し、長年の党プロパガンダに事実の上から反駁《ばく》する内容となっていた。

このころの和多田は自分の出版社を譲渡後、独自で活動していた。雑誌『週刊金曜日』の立ち上げに関わり、初代編集長を務めた。その和多田が、解説文の柱に据えたのが、高安知彦への長時間のインタビューだった。もともと高安も帯広で過ごした時期があり、奇縁だが、和多田とは直接の面識があったという。

同書にインタビューの日時は示されていないものの、二〇〇四年から翌年にかけてと見られる時期、ホテルの一室を借り切って計二日間、六、七時間かけて行なわれた。

高安はそこで初めて刑事裁判以外の場で、事件について詳細に語った。このインタビューを踏まえた上で、山田清三郎著『白鳥事件研究』について和多田は辛辣《しんらつ》に批評する。

「本書は『日本共産党無関係説』『村上国治無関係説』の象徴的出版物だと言って間違いない。『日共の御用物書きが書いたゴミ』だという悪口も聞いたことがある。これに類似した出版物として松本清張氏の『白鳥事件』(『日本の黒い霧』所収)を挙げることもできる」

さらにつづける。

「いずれにしろ、山田・松本両氏の著作に共通するのは『日本共産党無関係説』『村上国治無関係説』ということだ。では、それとは逆の説を主張する出版物はないのか。もちろん、そういう出版物は存在する。追平雍嘉《おいだいらやすよし》氏の著作『白鳥事件』がその代表例だろう」

和多田は二つの書籍を両天秤にかけた上で次のように指摘する。

「では、山田氏の本書の説と追平本のいずれの説が『正しい』のか——。『ハムレット』をもじって言えば、『どっちが「正しい」のか、それが問題だ』ということになる。だから、それに答えることは大変難しい。なにしろ、二〇数年にわたる裁判を経てなお『白鳥事件の謎』と言われていることでそれは明らかだと思う。その点では追平本が言うように、白鳥事件は共産党陣営と官憲側の『血みどろの階級戦』だったのである」

和多田は自らを中立な立場に置き、〝血みどろの階級戦〟という言葉で有罪説と冤罪説の攻防を表現した。その上で日本共産党の態度を厳しく批判する。

「今日の日本共産党は、これらのこと（＊中核自衛隊に関する地下非合法文書の作成など）は分裂時代の一方が勝手にやったことだという立場だが、分裂していた一方の側もやはり日本共産党であったのではなかろうか。そうでなければ、この時期、日本共産党はこの世に存在しなかったという論理矛盾に陥る」

現在の日本共産党の主張に対する本質的な問いかけである。

「日本共産党はこれまで何種類かの党史を世に問うた。しかし、白鳥事件など一連の出来事についての態度は必ずしも歴史の審判に耐え得るものとは言いかねる」

この文庫本は二〇〇五年、事件から五〇年以上すぎた段階で刊行された。和多田の解説文が意味をもったのは、部外者による論評でなく、元党員が内部からの視点を併せて指摘したところにあった。

この解説で改めて世に出された高安インタビューがきっかけとなり、その後、さまざまな動きにつながっていく。党関係者が日本共産党の認識に疑義を呈する形となったこの本は、白鳥事件が〝終わっていない〟ことを関係者に周知させる契機となった。

和多田が帯広出身であることはすでに記したとおりだが、実際は白鳥事件の被害者・白鳥一雄が卒業した帯広中学校の後輩にあたる。旧制帯広中学の後継校である北海道帯広柏葉高校の第一四期生（一九六四年卒）だからだ。歌手の中島美雪《みゆき》が二〇期生なので、和多田は中島の六学年先輩となる。

白鳥一雄が帯広中学を卒業した一九三四年から、三〇年後の卒業生が和多田だった。つまるところ、白鳥事件の真相を世に再考させるきっかけを与えたのは、被害者の直接の後輩にあたる人物だった。和多田がそのことを認識した上での行動だったかどうかはわからない。だが帯広出身者との縁をだれよりも大切にしていた白鳥一雄にとって、存命であればうれしい出来事だったと思われる。

2　小樽商科大学に呼ばれた高安知彦

新風舎文庫の刊行から七年ほどすぎた二〇一二年、白鳥事件は発生から六〇周年の節目を迎えた。

同年三月、実行犯の一人であった鶴田倫也《みちや》が中国の地でその生涯を終える。鶴田の訃報は逝去から半年ほど遅れて日本に飛び込んできた。晩年の鶴田は日本に帰国するつもりになっていたとされる。高安知彦は訃報のニュースを踏まえ、次のように語っている。

「いわゆる北大生の五人の中核自衛隊員で鶴田倫也氏が亡くなった今、残るは病気の門脇とぼくだけです。ぼくは、いまわしいこの事件について語ることを避けてきましたが、このままあの世に行ったのでは迷ってしまって悔いが残ると思うようになり、この事件に心から関心を持っている方には、昔の話を語るようになりました」（河野民雄『商学研究』「事件への関与を告白し謝罪」）

高安は旧知の和多田のインタビューに応じた後、しばらく発言を控えていた。だが六〇周年のこの年、東京で開かれた「白鳥事件六〇年目の真実」にも参加し、事件について話をしている。

さらに北海道大学の後輩であった河野民雄や、小樽商科大学の今西一特任教授（当時）の勧めで、詳細な聞き取り調査に応じた。

再び公衆の前で事件を振り返る機会も生まれた。

二〇一二年一〇月、「白鳥事件を考える集い」がJR札幌駅に隣接する小樽商科大学のサテライト教室で開かれた。そこで自ら登壇し、長時間講演を行い、質疑に応じている。

二〇〇六年の段階で、高安は一連の事件の経緯を振り返り、長文の手記をまとめた。タイトルは「白鳥事件覚書《おぼえがき》――元日本共産党札幌委員会、中核自衛隊員の手記」――。原稿用紙二〇〇枚を超すほどのボリュームで、優に単行本一冊になる量だった。この手記は小樽商科大学名誉教授の今西一の手により、中部大学発行の『アリーナ・第二一号』（二〇一八年一一月）に全文掲載された。

自身の生い立ちから、白鳥事件に関与するまでの道のりが詳しく描かれ、事件発生の一九五二年から最高裁によって白鳥事件運動が幕引きとなる七五年までの経過を振り返っている。高安は次のように書く。

「私は一人の日本共産党員として、この計画に参加していた。このため私は、三年近い拘置所生活を過ごすことになった。『我が青春に悔いなし』とは、とても言えない苦悩のひと時であった」

さらに日本共産党の責任を次のように指摘する。

「もしも仮にも、この事件が謀略によるえん罪であり本当に党が無実だったのであれば、白《はく》対協《たいきょう》運動は権力の陰謀を告発する闘争として、永遠に継続しなければならなかったのである。また、この事件でえん罪で逮捕拘禁されるのを避けるために中国に亡命させたという関係者達を、最後まで擁護《ようご》する責任が党にあったはずである。それを党は、それまでペテンを使ってまで積極的に進めてきた白対協運動を突如中止し、闘士としておだて上げた村上氏を最後に捨て去り、危険を避けるために亡命させたはずの中国帰国者達を、のちには『反党分子』として扱うことで、事件が現在の党とは無関係であったかのように、取り繕《つく》ろうとした」

最後に次のように訴えて手記を終える。

「自己批判とは、たとえどんなに苦しくても、誤った全ての事実を直視することから始まるものであって、公党としてはそれを背負う責任があり、また大衆に向かってきちんと公表すべき義務があるはず」

「真の国民の党として前進したいのであれば、この手記に示した党の体質ともいえる、あるいは過去の党が持っていた内部矛盾点を、それを象徴的に示していた白鳥事件と、それにまつわる多くのペテン行為の事実をさらけ出し、これに対する真しな自己批判と国民大衆への謝罪を公表し、裸《はだか》になって出直すしかない」

これらの言葉は、「白鳥事件は誤った分派によるもので、現在の党と無関係」との強弁をつづける日本共産党の主張と、完全に対立するものだ。

3 多くの関係者が自白

事件から半世紀以上すぎた二〇〇三年、間接的な関係者であった川口孝夫《よし》が自身の手記を完成させた。

川口手記は、本人の死去から一六年すぎた二〇二〇年暮れ、中部大学発行の『アリーナ・第二三号』に「遺稿　いまなぜ『白鳥事件』の真相を公表するか」というタイトルで掲載された。こう綴られている。

「白鳥事件は日本共産党の五一年綱領の軍事方針に基づき、札幌委員会の責任者村上国治氏が計画し、宍戸均君が具体的に指導した中核自衛隊の武装闘争である。また事件に参加した中核自衛隊員は鶴田倫也、佐藤博、高安知彦、大林昇、門脇戌、村手宏光である」

事件に直接関与したのは確かにこの八人とされた。川口は事件後、実行犯の逃亡先確保に協力し、白鳥事件の間接的な加害者となった。事件直後、宍戸から真相を聞かされ、だれがピストルで撃ったかも耳にしている。

二四ページにわたる川口手記には、本人の入党の経緯、事件の真相、中国での一八年にわたる逃亡生活、帰国後の思いなどが書かれている。

日本共産党は、今も白鳥事件について〝党が分裂していた時代に他の分派がやったこと〟と主張するが、川口手記には次の一節がある。

「中国に亡命させられた事件関係者一〇名は、事件が発生した時も日本共産党の党員であり、六全協後の統一した宮本時代にあっても変わらず日本共産党員として共産党中央によって直接に指導管理されていた」

武装闘争から平和革命路線に切り替わる契機となった第六回全国協議会（一九五五年）以降、宮本顕治も白鳥関係者の処遇に直接的に関わっており、現在の同党の責任は免《まぬか》れないとの主張である。さらに続ける。

「日本国内では『白鳥事件』は村上国治の無罪を勝ち取る裁判闘争として進められ、事件は敵の謀略とデッチ上げによる冤罪であるとして、真相を覆い隠し人々を騙し欺き続けた」

裁判上、村上国治の有罪は、佐藤直道、追平雍嘉、高安知彦の三人の証言によって裏付けられた。物証は白鳥の体内にとどまった一発の弾丸と、試射をしたとされる場所で発見された銃弾二発のみで、共産側は〝証拠のない冤罪事件〟と喧伝した。刑事裁判時に日本にいなかった川口の主張は、当然ながら裁判では一切考慮されていない。

川口手記では、入党の紹介者であった村上国治について次のように評している。

「一九五一年一〇月から一一月にかけて、クニさんは党の留萌委員会から、私は上川委員会から札幌に出てきた。クニさんは党札幌委員会のビューローキャップになり、私は党北海道地方委員会の軍事部の仕事に就いた。この時期は日本共産党の五一年新綱領の軍事方針に基づき、武装闘争の展開の武装組織の建設が党の当面する緊急の任務であった」

「私の知る限り、全道の党で武装闘争の実践では札幌が抜きん出ていた。クニさんは無条件で全力をあげて党の極左《きょくさ》の方針を実践したのである」

さらにこう書いている。

「野坂の平和革命路線の時も、五一年新綱領による極左の武装闘争の時期も、また『白鳥裁判運動』の闘いでも、クニさんはいついかなる時も党の方針を忠実過ぎるほど忠実に実行する、まさに『理想的な』共産党員だった」

川口は事件からまもなく、党中央から聞き取りされた際、次のように語っていたという。

「高安君らの供述内容は私が事件関係者から聞いていた事実と基本的に一致している」

村上や高安は日本国内にとどまって逮捕されたが、実行犯を含む一〇人の党員は密航船で国外逃亡し、官憲の手から逃れつづけた。それでも日中国交回復した一九七二年以降、望郷の念が募った川口ら七人は順次、帰国した。現地に最後までとどまり続けたのは、実行犯の佐藤博、鶴田倫也、さらに中核自衛隊長の宍戸均の三人に限られる。

4　地元ラジオ記者の著作

二〇一三年に刊行されたノンフィクション『亡命者　白鳥警部射殺事件の闇』（筑摩書房）は、白鳥事件の経過を丹念に描いた作品だ。地元ラジオ局記者だった後藤篤志《あつし》が筑摩書房から刊行した。そのあとがき部分に次の一節がある。

「白鳥事件では、『真相を知るが故に中国に送られた者』『真実を語ったが故に非難され、社会的に抹殺された者』『組織を守るために永遠に嘘をつく者』などの不幸が重なっていた」

後藤は取材者として中国を訪問するなど、最大のキーマンの一人だった鶴田倫也に接触しようと試みた。本人への直接取材はかなわなかったものの、間接的に人を介して状況をつかみ、活字にしている。同書ではその内容が詳述されていて、一読して、日本共産党が関与した事件であったことは明らかだ。

将棋に例えていえば、すでに〝詰《つ》んでいる状態〟ともいえる。だが後藤はあえて結論を導いていない。むしろぼかすような形で執筆を終えている。

「ミチ（＊鶴田のこと）は六〇年前の党の軍事組織の掟を愚直に守った」と書き、「一連の取材を通して、事件の真相の一歩手前までは来たような気もするが、いまだ核心部分については『また聞き』であった」と結論づけている。

加えて、『亡命者』の前年に出版された『白鳥事件　偽りの冤罪』（同時代社）も、真相解明に向けて重要な役割を果たした一冊だった。

著者の渡部富哉《わたべとみや》とそのチームが刑事裁判の記録を精査し、取材・調査を加味して仕上げた労作で、先の『亡命者』と並び、事件から六〇年すぎた段階で刊行された。

この本の特徴は、刑事裁判の記録全体に目をとおし、客観的な視点で事件を扱った点にある。

裁判記録そのものは、弁護士など多くの当事者が目を通してきたが、村上側の弁護団にとって都合の悪い部分は積極的には触れられないバイアスがあった。そのバイアスを取り払い、事件を客観的視点から再構築したところに同書の意義があった。

上記の二冊に対し、日本共産党は何ら反論することなく、事実上、黙殺してきた。これは同党の「反論不能」な事情を示している。実際、この二冊は白鳥事件の真相を確定づけたといえる。

『亡命者』のあとがき部分で示された二番目の「真実を語ったが故に非難された者」とは、高安知彦、佐藤直道、追平雍嘉の三人を意味する。逮捕されて〝真相〟を語った人物は、共産党からすると裏切者（転向者）であり、三人は当時の党員作家からも「哀れな特捜の飼い猿」「検察側の哀れな飼犬」（山田清三郎著『小説白鳥事件』）などと中傷された。

川口手記を『アリーナ・第二三号』に収録するため尽力した今西一・小樽商科大学名誉教授は、私の取材に呆《あき》れ顔でこう語った。

「おかしな話です。これだけ多くの人たちが自分たちがやったとしゃべり、白鳥事件は冤罪ではなかったという書籍が次々と出版されているのに、日本共産党はきちんと反論を行わない。都合の悪いことにフタをする姿勢は明らかに姑息です。党は渡部氏や後藤氏の本に具体的に反論すべきです。共産党の歴史にはこうしたゴマカシが非常に多い」

その上で次のように語る。

「日本共産党は五〇年代の過ちを自己批判すべきでしょう。白鳥事件の実態を公表し、正式に謝罪すべきです。党をあげて組織ぐるみで無罪を主張した白鳥運動で国民を騙した責任も甚大です。当時の分派（徳田書記長ら）が勝手にやったという理屈で済ませていますが、実際は国際派（宮本顕治ら）も自己批判した上で武装闘争に参加しています。現在の同党の主張に説得力はありません」

一般に冤罪事件の場合、その証明として犯人にデッチ上げられた側の供述が二転三転することは珍しくない。警察の強制によってウソの自供をしてしまい、冷静になって再び供述を取り消すなどの痕跡が調書に残るからだ。だが白鳥事件については、被告の村上国治が完全黙秘を貫いたほかは、供述に転じた佐藤、追平、高安の主張には変遷は見られない。

さらに裁判以外にも、実行犯逃亡の協力者（川口孝夫）が存在し、間接とはいえジャーナリスト（後藤篤志）が鶴田倫也らの主張を確認した内容が公表されている。それらのジグソーパズルを組み合わせれば、「日本共産党の犯行」という一点で矛盾なく完成することができる。

何より、宮本顕治は運動を中止させる必要がない段階で白鳥運動に終止符を打ち、自らは直接村上と関わろうともしなかった。状況証拠は完全な〝クロ〟を指し示し、もはや覆《くつがえ》る余地はない。

5　負の歴史を消し去る共産党

村上国治らが逮捕されて以降の中央機関紙『アカハタ』における村上擁護記事はおびただしい

量に上る。

前述のとおり、一九六二年には党の肝入りで「白鳥事件中央対策協議会」（白対協）が立ち上げられ、村上らを無罪にするための国民運動が大々的に展開された。全国で一四〇万人の署名が集められ、一五〇の地方議会で決議が行われるなど、広範囲な国民運動が展開された。だがそうした「運動」を含め、現在の同党の党史からは「白鳥運動」の歴史は見事に抹消されている。

川口の遺稿手記に戻ると、川口孝夫も「日共の全ての党史から白鳥事件も白鳥裁判も消しさられた」と述べている。同党の党史で最も年表が詳しい『日本共産党の七十年』を開いても、白鳥事件に関する出来事や国民運動に関する記述はまったくといいほど記されていない。

一方で、「北の村上、南の瀬長」と謳《うた》われた〝南の瀬長亀次郎〟については、小さな出来事についても逐一、年表上に記載が残る。あまりにも対照的な扱いだ。

同じ時期に、同じ扱いで運動が推進された松川事件と白鳥事件。この両者においても、白鳥事件とは対照的に〝逆転無罪判決〟を勝ち取った松川事件については、節目節目の出来事が党史年表にきちんと残されているのに対し、白鳥事件は、事件に関する出来事と国民運動に関わる一切が〝抹消〟されている。

わずかに、党史年表上の一九五二年の項に、「一月二十一日　白鳥事件」と一行だけ記載されているだけだ。

同じことはもう一つの警察官殺害事件、「練馬事件」（一九五一年一二月二七日）についてもいえる。こちらは事件発生の事実そのものが、党史年表に記録されていない。

党員らが起こした騒擾《そうじょう》事件として「有罪判決」を受けた大須事件（一九五二年七月七日）も、党史年表から都合よく削除されたままだ。

6 白鳥刑事記録のゆくえ

一九五二年は白鳥事件だけでなく、小樽火炎瓶事件や旭川火炎瓶事件、北海道の松川事件と呼ばれた芦別事件など、北海道でも日本共産党員にかかわる刑事事件が多発した。地元でこの種の裁判を弁護士として一手に引き受けたのが、前出の杉之原舜一だった。

杉之原の著書『波濤萬丈　一弁護士の回想』によると、入党は一九三一年というから古い。白鳥事件の弁護は初期段階においては、杉之原中心に行われた。やがて東京の名だたる党員弁護士らも支援名目で加わるが、当初から裁判に関わった杉之原の手元には膨大な裁判資料が残された。

杉之原が自由法曹団（共産党系）の知人弁護士を頼ってそれらの刑事裁判の記録を長野県松本市の民間施設・日本司法博物館に寄贈したのは一九八八年。前出の著書『波濤萬丈』には、「白鳥事件・芦別事件資料室」と表示された部屋の入り口を撮影した写真が掲載されている。

写真の日付は「九〇年九月二四日」となっているため、すでにその時点で同博物館に専用部屋または専用スペースが設けられ、展示されていたことがわかる。ただし段ボール数十箱分の膨大な資料は未整理のままだった。

一九九二年、杉之原が九四歳で他界すると、北海道では裁判記録を地元に戻してほしいとの運動が盛り上がったという。

だが当時の日本司法博物館の館長と個人的につながりのあった社会運動資料センターの渡部富哉《わたべとみや》が経緯を知り、裁判資料を展示できる形で整理する作業を依頼された。膨大な資料のコピー作業に要した期間は一年半に及んだという。一一八冊分に製本された裁判資料が公開されるのが二〇〇二年三月。当時の新聞記事に次の記述がある。

「資料は同博物館の『白鳥事件展示室』に展示され、だれでも閲覧が可能だ。同館の亀井理事長は『(寄贈から)一四年たって、ようやく杉之原さんの遺志が生かされた。戦後史に残る貴重な裁判記録だ』と話している」(朝日新聞長野地方版・二〇〇二年三月二八日付)

7　非公開に転じた松本市

二〇〇二年、常設展示「白鳥事件展示室」は日本司法博物館にあった一二の展示室の一つを占めていた。同年四月、財政難の理由から博物館は民間財団から松本市に移管される。その結果、行政（自治体）の所有となった。〝異変〟が生じるのはそれから五年後のことだ。

博物館は大幅リニューアルされることになり、二〇〇六年四月から一年間休館の上、〇七年四月、「松本市歴史の里」として新たにオープンした。その際、コンセプトも変更され、「白鳥事件展示室」はその使命を終えたとされる。

以降、杉之原弁護士の遺志とは裏腹に、白鳥事件の記録は〝非公開記録〟として封印された。二〇一二年の新聞報道によると、公開を求める要請を行うため関係者数人が同館を訪れた記録が残る。この間の経緯を年表にすると以下のようになる。

一九八二年　日本司法博物館が開館
一九八八年　杉之原弁護士が白鳥裁判などの刑事記録一式を寄贈
一九九二年　杉之原弁護士が死去
二〇〇〇年　博物館が渡部富哉氏に資料整理を依頼
二〇〇二年　製本した白鳥裁判資料が正式公開される
〃　博物館が松本市に移管される
二〇〇三年　個人情報保護法成立
二〇〇六年　博物館が一時休館
二〇〇七年　リニューアルオープン、白鳥関係資料が非公開となる東京・新宿から特急あずさ号で二時間半。現在、「松本市歴史の里」と名称を変えた旧日本司法博物館は、ＪＲ松本駅から車で二〇分ほどの田園地帯に位置する。明治時代の裁判所を移築した建物は、年代を感じさせる重厚なものだ。

裁判資料の整理にかかわり、その後、『白鳥事件　偽りの冤罪』を出版した渡部富哉は次のように憤る。

「あの裁判記録を目にすれば、日本共産党が関与していないなどとは口が裂けてもいえなくなります。白鳥事件を取材したり研究したりする人で、この裁判記録に実際に目を通したかどうかで心証が大きく異なってくる貴重な資料です。杉之原弁護士の遺志はあくまで公開することを前提にしていましたので、その遺志を尊重しない態度は好ましいものとは思えません」

松本市歴史の里の本館にあたる松本市立博物館の関係者は語る。

「確かに公開を求めて寄贈された史料が公開されていない現状は博物館としての役割を果たしていないと言われればその通りというしかありません。当館でも資料の扱いを持て余している面があることも事実です。史料を受け入れてくれる学術機関などがあれば、寄贈を検討することはやぶさかではありません。」

日米開戦の日から八〇年となった二〇二一年一二月八日。松本市議会で興味深い質疑が行われた。

五つの会派で三日間かけて行われる一般質問の最終日。公明党の勝野智行《かつのともゆき》市議（当時）が「市立博物館の資料管理」について一〇分ほど行った質疑の中で、共産党の古参市議が突然声を荒げて噛みつく場面が見られたからだ。その結果、質疑が二時間ほど中断される事態に発展した。

問題となったのは松本市が博物館「歴史の里」に保存する白鳥事件の刑事裁判の記録一式の件だ。公明市議が、質問の中で「日本共産党が関与した白鳥事件」と説明を加えた際、聞いていた共産市議は質問が終わるやいなや壇上に進み、議事進行に猛然と抗議した。「白鳥事件に共産党が関与したという表現について、誤解を与えかねない表現ととられかねない」と訴えたその様子は、松本市議会が録画中継するインターネットで今も見ることができる。

この日の松本市による答弁内容は、翌日の地元紙「市民タイムス」で大きく取り上げられた。「白鳥事件裁判資料譲渡へ、市が研究機関に打診」の記事がそれだ。

この日の一般質問で、公明市議は当初の寄贈目的などを紹介しつつ、非公開に転じた理由を市に問うた。さらに市として今後も公開できないのであれば、公開可能性のある他の民間施設等への寄贈の検討を促した。

松本市側の責任者であった藤森誠教育部長（当時）は、研究機関への譲渡を視野に入れながら検討中である旨を明かし、地元紙の一面で紹介される結果につながったわけだ。

松本市は市内に一〇を超える博物館を運営、教育委員会が所管する。白鳥事件の刑事事件の記録が段ボールに眠ったままの「松本市歴史の里」もその一つにすぎない。

博物館全体を統括する木下守博物館長（当時）は、「裁判記録の目録作成を開始し、現在、譲渡予定先とやりとりを行っている段階」と説明した。

裁判記録の行方に関心をもつ関係者らはいちように、「公開を前提とした施設に譲渡されるのであればそれはそれで構わないが、歴史的資料が廃棄されたり、今後も公開されない場所に移される事態は認められない」と話す。

8　他の刑事記録

日本がＧＨＱ（連合国軍総司令部）の統治下にあった終戦後の一九四九年、国鉄（ＪＲ）をめぐる不可解な事件が相次いで発生した。国鉄総裁が轢《れき》死体で発見された下山《しもやま》事件（七月六日）、列車暴走事故として起きた三鷹《みたか》事件（七月一五日）、列車脱線転覆致死事件となった松川《まつかわ》事件（八月一七日）などだ。

下山総裁の死については自殺説と他殺説が新聞メディアでも真っ二つに分かれたほか、他の二つの事件は共産党員らが逮捕起訴されたものの、刑事裁判の途中でいずれもでっち上げだったことが判明、無罪判決が出るいわくつきの事件となった（真犯人は両事件とも判明していない）。

これらの事件について膨大な刑事裁判の記録が残されたが、福島市で発生した「松川事件」の裁判記録は、現在、福島大学図書館の松川資料室に保存され、部外者を含め、自由に閲覧できる。また、「三鷹事件」の裁判記録については、東京山手線の目黒・五反田両駅の間にある線路沿いのビルの一階に入る「労働資料室」で閲覧が可能だ。日本鉄道福祉事業協会が所有するビルで、小さな図書館ほどの広さの資料室は、三鷹事件関係の資料がスチールラック三台分のスペースを占め、一台に原本資料を納めた段ボール箱、もう一台に関係書籍やアルバムなどが収められている。さらにもう一台分に刑事裁判の記録のコピーがファイリングされて整然と並んでいた。手にとってみると、黒塗りされてマスキングされた箇所は見当たらず、被告人の戸籍などプライバシーを含む情報も綴じられ、閲覧が可能だった。

これらは三鷹事件関係資料の保存を進める会から借り受ける形で展示しているものといい、二〇一七年の建物開業時から公開されている。白鳥事件の裁判記録が長野県松本市の日本司法博物館（その後閉館）で二〇〇二年三月に正式公開された際も「開架式」だった。

膨大な量の同記録をコピーし、日本司法博物館で利用者が閲覧できるように作業を行った渡部富哉は、「日本共産党は公開される事態を喜ばないと思うが、実際に作業に関わった者として、公開が原則であればどの施設に移されても異存はない」と著者の取材に回答を寄せた。

現在、白鳥事件の刑事裁判記録を見ることができるのは、記録の一部を保存する北海道大学文《ぶん》書館《しょかん》に限られる。

第八章　革命神話の痕跡

村上国治兄弟が母親のために建立した墓（2021年7月撮影）

1　白鳥廣《ひろし》の回想録

時計の針をいま一度、三〇年ほど前に戻したい。村上国治の死亡から三年近くすぎた一九九七年六月、事件の重要容疑者の一人であった鶴田倫也が、中国の地で生きていることを伝えるニュースが日本に飛び込んできた。二〇一二年三月に亡くなる一五年前のことである。

北海道新聞はこのとき一面トップで「鶴田容疑者　北京で生存」と報じ、社会面で「二、三年前から鶴田情報」「道内関係者と接触」「中国名、中国人妻、子供も」の見出しで報じた。読売新聞も「白鳥事件　四五年ぶりの鶴田容疑者確認　関係者ら表情複雑」と伝えている。そのころ東京都内で弁護士を開業していた鶴田倫也の実兄（当時七二）は、道新の取材に次のコメントを残した。

「本人が生存しているかどうか、連絡がないので分からない。これまでにも何度か本人についての情報が報道機関から寄せられたことがあり、今回は具体的だと思うが、本人に間違いないかは分からない。仮に帰国する意思があれば本人から戸籍謄本《こせきとうほん》を取り寄せようとするだろうが、そうした動きはない」（北海道新聞・一九九七年六月八日付）

記事によると鶴田は中国人女性と結婚、子供もいることになっていた。読売記事（時事通信の配信）には白鳥一雄の実弟、白鳥廣のコメントが付された。そのまま引用する。

「白鳥警部の実弟、白鳥広さん（七九）（元北海道警釧路方面本部長）は、札幌市の自宅前で、『恨みや敵対心がないと言えばうそになるが、もう仕方がない』としながら、『事件を一度も忘れたことはない』と悔しさも口にした」

廣は北海道新聞でも次のように語っている。

「個人的な思いとして鶴田容疑者も事件に関与したという確信はある。遺族の一人として恨んではいるが、事件からもう四五年もたっている。事件当時の鶴田容疑者は二二歳で、組織の中で踊らされて事件を引き起こしたんだろう。そんな点を考えれば『哀れだな』とも思う。ただ、鶴田容疑者から事件の真相を聞きたいという気持ちに変わりはない」（北海道新聞・一九九七年六月八日付）

白鳥家の遺族が残した肉声はそれほど多くない。被害者であったにもかかわらず、村上無罪運動とともに、肩身の狭い思いをしてきた証左だ。あるときは活動家が小樽の自宅を指さし、「あれが白鳥の家族が住む家だ」と憎々しげに叫んだことすらあったという。

前年の九六年、廣は読売新聞(北海道版)の記事にも登場していた。「札幌中央署物語」と題する道版企画の中で、二回目のテーマが白鳥事件となっていた。

自宅で腕組みする廣の写真が載った中で、凶弾に倒れた一雄の娘たちが「今では家庭をもつ」と紹介されていた。さらに娘の母親と「三人それぞれの思いを胸に暮らしているようだが、事件について語ることはない」(一九九六年六月一二日付)とも伝えていた。さらに次の記述がある。

「二つ年下の弟、白鳥広さん(七八)は、父、兄と同じ道を歩み、道警釧路本部長などを経て退職、札幌市西区で暮らしている。『(当時、暴力革命唯一論を唱えていた)あのような組織に単身で向かっていくような人間だとは思わなかった』と兄の姿を思い出す。『弟妹思いの兄』で、死後、日記を開くと、両親を心配する思いが書き連ねてあった」

この時点で、白鳥一雄が生きていれば八〇歳。テロ凶弾事件に巻き込まれていなければ、十分に生きられた年齢だった。

廣は生前、自身の回想録を残していた。私が遺族に取材依頼した際、この回想録の話が出た。何度かやり取りする中で、「白鳥事件」に関する部分に限って提供していただけることになった。

回想録は横罫《よこけい》の普通の大学ノートに丁寧な手書きの文字で清書されたものだ。

六ページにおよぶ該当部分は、「八　兄の非業の死」のタイトルが付され、事件翌日の北海道新聞の切り抜きが貼られていた。廣自身の手書きで、「白鳥事件最初の報道」と付記され、次の文章で始まっている。

「人生の過半を注ぎ込んだ警察界三三年間の間には、喜憂幾多のエピソードもあるが、何といっても今なお鮮烈な印象として焼きついているのは、昭和二七年一月二一日の兄の死、つまり『白鳥事件』であったことは否めない」

「あの夜九時、函館市幸町の官舎は、妙に不気味な静寂の中にあったことを思い出す。子供たちが漸く眠りについて間もなく、ケタタマしい電話のベルに、何故か一瞬ドキッとしながら受話器をとった途端、押し殺したような札幌署当直員からの声で、兄の殉死を知った」

「瞬間の衝撃は、まだ半信半疑であったにせよ、言い難い複雑な感情にもつれたのである。前年（＊一九五一年）三月の義姉の死、幼児や現在の義姉の今後、父母のショックそして現職警察幹部としての私自身のあり方……等、一睡もせずに想い、悩み、考え、打消し、迷い、とりとめもない煩悩の一夜であった」

眠れない夜をすごした弟の心情がまざまざと伝わってくる。

ちなみに「義姉の死」として出てくる一雄の最初の妻は、廣とはたまたま同い年だったという。

さらに次のように書いている。

「この事件の特徴は、体内から発見された唯一発のけん弾以外には、物的にも情況証拠もなく証人もいない、いわば完全犯罪に近いものであっただけに、長期に亘る捜査の過程で、謀略説が出たり、プライベートな問題や、反感苦肉説が乱れとび、推理作家は勝手な推測を撒き散らし、世論は沸騰して謎は謎を呼び、揣摩《しま》臆測にあけくれたものであった」

「紆余曲折を経た裁判は、最高裁判所の裁決によって、共産党員村上国治（現美瑛町）の主謀によるものと判定され、無期懲役（後、二〇年の有期懲役に減刑、仮出獄）と決定されたが、肝心の直接下手人である共産党員佐藤博をはじめ、一連の北大の共犯グループは、地下潜行の揚句中国へ逃亡し、日本官憲の手の届かない状態となっただけに、何かしら釈然としない終幕になっている」

ここまではある程度予測できる内容だった。だが次につづく「それにしても」で始まる数行は、この問題を取材してきた私にとってはぎょっとする事実だった。警察内にとどめ置かれた極秘情報と思われる。

「それにしても——直接手を下した佐藤博が、血筋を辿《たど》るとその母が旧姓白鳥であり、宮城県人であるところから、何代か遡《さかのぼ》れば同族ではないかと想像されるだけに、俗世の無常と無限の因業の深さに、慄然《りつぜん》たるものを禁じ得ない」

前述のとおり、一雄の父親は宮城県出身で、現在の栗原市出身だった。廣の回想録には、実行犯の佐藤の母方が同じ白鳥姓であったという事実が記載されていた。そうなると、白鳥銃撃事件は、犯人がその関係性を知らないままに自分の親戚を殺害した事件ということになる。

廣は兄の青年時代をこう振り返る。

「兄の生いたちも、中学を卒業して以後必ずしも順風でもなかったようであり、露語《ロシア》研修生として満州（ハルピン）に留学したことが、終戦と絡んで窮境に追いこまれ、裸同然で辛じて帰国後、前歴（外事課）と語学（英・露語）が役だって、米軍情報機関（C・I・C）と緊密になり、札幌市警（現札幌中央署）の警備課長として、専ら共産党対策の情報収集と取締りに当ったことが、華かさの裏面に兄の運命を決定づけたものといわざるを得ない」

語学を学んだことが、最終的には〝命取り〟となった兄の運命を凝視している。

回想録の後半部分では、遺された二人の遺児（姉妹）の行く末にも触れていた。さらに女手一つで義理の娘たちを育て上げた兄の妻（敏枝）への感謝の思いが綴られる。

半面、血を分けた弟ながら、残された遺族たちに大したことをしてやれなかったとの悔恨《かいこん》の情も示される。廣は兄と同じ警察官の立場から次のように記す。

「警察官として、実弟として、新聞はことあるごとにそれを喧伝し、刑期を終った村上国治は故意に転住先(小樽・旭川)の街頭で、事件の〝デッチあげ〟を傲然《ごうぜん》と訴え続けていた」

『北海道警察職員録』によると、廣は一九七〇年に小樽警察署長、七一年に旭川警察署長を歴任した。六九年一一月、網走刑務所を仮出所した村上国治は、そのたびにその地で街宣活動を行っていた。

回想録が書かれたのは、文中に「あれから四〇余年」の記載があることから、一九九三年ごろと思われる。村上国治の死に触れていない事実からすると、九四年一一月以前であったことは間違いない。白鳥廣の年齢に当てはめると退職後、七〇代後半くらいの時期に書かれたと思われるものだ。

新聞に「鶴田容疑者から事件の真相を聞きたい」とコメントしていた廣だったが、鶴田が二〇一二年に中国で逝去する五年前(二〇〇七年一一月)、九〇歳でこの世を去った。同じ年の七月、戦後の共産党を指導してきた宮本顕治も九八歳で亡くなっている。

2　白鳥家の遺族

次男の白鳥廣が行く末を心配した二人の遺児たちは、その後、義理の母親である敏枝の手で育てられた。三人は小樽市の高台の家に移り住み、「白鳥」姓を名乗って堂々と暮らした。

今では人手にわたって「空き地」となっているその場所に、私は取材の過程で何度も足を運んだ。

小樽は意外なほどに坂の多い港町だ。日によっては吹きさらしの暴風に曝《さら》されることも珍しくない。私が最初に訪問した四月もまさにそんな一日だった。

幅十数メートルもある道路に面した白鳥家の跡地は、石造りの階段を、途中まで上がった中二階ほどの高さにある。以前は二階建て家屋が建っていた場所で、家賃収入を得るために下宿人を住まわせた時期もあったようだ。

一家の柱を失った女性三人は、遺族年金とささやかな収入で暮らしていくしかなかったと見られる。

近所の人に尋ねると、未亡人となった敏枝は、事件のことに臆《おく》す様子もなく、地域行事にも積極的に参加、近隣住民の前でも明るく振る舞っていた。

地元では新聞報道で事件のことが伝わっており、「白鳥」という姓もそのまま使用していたため、近隣に事情を知られることになった。その意味では村上姓を捨て、その後の人生を生きるしかなかった村上国治の生き方とは、根本的に異なっている。

白鳥家の娘たちは、地元の量徳《りょうとく》小学校・住吉中学校を卒業後、高校を出て社会人となった。私が遺族への取材を始めた二〇二一年の段階で、敏枝とその長女はすでに他界していた（敏枝は白鳥事件から五〇年後の二〇〇二年一月に逝去）。小樽からＪＲで数駅の場所にある次女の嫁ぎ先を訪問したのが、私が遺族と接触する最初の機会となった。

二人の娘は成人して嫁いだ後、長女一家はこの事件のことを家庭内で語ることもないまま過ごしてきたという。一方で次女一家が事件のことを認識していたのは、次女の嫁いだ相手が警察官だったからだ。

取材の過程で、一雄の末弟に当たる白鳥守が存命であることが判明する。所在を探し当てマンションのチャイムを鳴らすと、初対面にもかかわらず、忌憚《きたん》なく質問に答えてくれた。約束を取りつけて数日後に再訪すると、申し訳なさそうに切り出す。

「親族としてはやはりそっとしておいてほしいという気持ちが強いのです」

そう述べつつ、こちらが聞きたいことには答えてくれた。当時八九歳。持病があり、体調のいい日と悪い日があった。その後も何度か電話の補足取材に応じてくれた。血を分けた兄弟の肉声を聞けたことは貴重だった。

白鳥守は兄の一雄が帯広中学で学んでいたころ、新十津川村で一七歳年の離れた弟として生まれた。九人兄弟の中で唯一、一雄と同じ高校を出ている。戦後の一期生としてだった。その守が北海道帯広柏葉高校を卒業した翌年、長兄は突然の凶弾で命を奪われた。

日本共産党は被害者である白鳥家の遺族に対し、これまで一度も謝罪した事実がない。

3　七〇年後の風景

一方、村上家側の取材は思うように進まなかった。旭川市に住む長岡千代の娘（村上国治の姪《めい》）と話ができたのは二〇二二年七月になってからだった。国治と直接かかわりのあった生存者はすでに限られ、村上の姪であったその人物もいまでは八〇代だ。

「国治さんは私の母にも相談しないで奥さんの姓を名乗ることを決めたと思います」

姪の話では、国治は子どもや家族を連れて北海道の親戚をまわったこともなかったという。そのため北海道の親族は国治と血のつながった息子の消息を知らず、顔もわからないままの状態だった。

「不幸なことだと思います。奥さんや息子がどうしているか、私たちは何も知りません」

だがこの時点（二〇二二年七月）で、京都に移り住んでいた村上の妻はすでに他界していた。その事実も北海道の親戚には伝わっていなかった。まして息子が何の仕事をしているかなど知るはずもない。

北海道で生まれ育った村上国治は、仮出所後、東京に出て仕事を始めたものの、地元の親戚とは半ば、絶縁状態となっていた。

さらに国治の〝第二の人生〟において、「村上」という姓は邪魔なものに変わっていた。

事件から七〇年すぎた二〇二二年四月六日、産経新聞大阪本社版（夕刊）に次の記事が掲載された（東京本社版は翌七日付）。

「白鳥事件、逮捕状今も」
「警官射殺七〇年、一六〇回超更新」

白鳥事件の実行犯として殺人容疑で逮捕状が出されていた佐藤博容疑者と元北海道大生の鶴田倫也容疑者の逮捕状が半年毎に更新されつづけ、すでに一六〇回を超えていることを伝えていた。

二人は亡命先の中国で物故したと報じられたが、道警としては「可能性ある限り調査」（北海道新聞）するスタンスで、今後も同様の対応をとるという。中国政府が正式に日本政府に死亡を通知してこない限り、逮捕状の更新が続くということだ。

佐藤博は生きていれば一〇〇歳、鶴田倫也は九五歳。

同年三月時点で、佐藤の逮捕状更新は一八〇回、鶴田の更新は一六一回に及んでいた。

言うまでもなく、二人を犯行に動かした責任者は、村上国治だった。

村上は自分で手を下さなかった分、良心の呵責《かしゃく》が薄まり、党を守るために〝偽りの潔白〟を主張しつづける「組織の忠臣」として振る舞うことができた。

コロナ禍を脱出するかに見えつつあった二〇二三年一月、最後の中核自衛隊員・高安知彦が小樽市の病院で息を引き取った。九二歳だった。

札幌の中核自衛隊に所属した当事者はこの世からいなくなったが、事件後に中国に送られた一〇人のうち現存する人物が一人だけ残っていた。後藤の著作によれば、「真相を知るが故に中国に送られた者」に該当する。

北海道中国会の元会長として、桂川良伸が二〇二三年の新年会に出席していた様子がネットの記事に紹介されていた。私が電話すると語り口は軽いと言えなかったが、質問には答えてくれた。

――今西一名誉教授が書かれたもの（＊元情報は後藤氏の書籍）に、白鳥事件で使用した拳銃を桂川さんが鶴田さんから受け取って宍戸に渡したという記述がありますが、本当でしょうか。

桂川　それは事実ではありません。もう昔のことで忘れてしまいました。拳銃を握ったことはありますが、白鳥事件のものではありません。

——佐藤博さんが中国で亡くなったとき、桂川さんが中国に行って告別式に参加したと今西教授は書いていますが、それは事実ですか。
桂川　葬式に出たというのは事実ではありません。中国に行ってよく（佐藤や鶴田らと）会っていたのは事実です。私の仕事は中国語の通訳なので、しょっちゅう中国には行っていました。
——白鳥事件は佐藤博さんが銃撃犯で、鶴田さんがそれを助けたように言われていますが、事実はどうですか。
桂川　私にはわかりません。（それに答えてしまうと）推測になってしまいます。
——でも中国に行かれて二人に会ったときにそういう話も出たのではないですか。
桂川　まったく出ていません。

後藤の著作には、三番目の関係者として「組織を守るために永遠に嘘をつく者」が出てくる。桂川は事件の経緯を墓場まで持っていくつもりのようだった。

二〇二二年一月、事件から七〇年が経過した。
白鳥一雄は一年の三カ月ほどが雪に埋まる北海道十勝地方の墓地に眠る。その墓は帯広市内の一角にある。

一一月をすぎると千数百基もあるかと思われる墓石群は雪に埋まり、墓参客もしばし途絶える。水道管が凍結し破裂の恐れが生じるため、入り口にある管理事務所も三カ月ほど閉鎖される。数年前、事情を知らずに来園した人が三〇センチほどの雪に足をとられたまま、身動きできなくなる事態が発生した。

一方、道央の旭川市主要部から車で三〇分ほどの場所にある比布町。人口三五〇〇人の町の少し山側に寄った場所にある比布霊園。その一角に「村上セイ等之墓《らのはか》」がある。

雪がなければ大きく「真実」の文字が見てとれる目立つ墓石だ。建立からすでに半世紀をすぎているが、その威容は健在だ。

墓石に掘られた「真実」の二文字には、自分は冤罪であるとの村上国治らの政治的な主張がこめられている。だが自ら「真実」と彫った墓に、本人が入ることはなかった。

同じ共産党員として活動した母や弟、姉たちと、没後を共にすることがなかった国治の運命――。

近くに高速道路（道央自動車道）が走り、あたりには車の通りすぎる音が響く。

この霊園も冬は雪に埋まり、立ち入ることが不可能となる。高さ五〇センチほどの雪に埋もれた期間がつづき、近くまでの道路は除雪されるが、墓地内は降り積もったまま放置される。私が訪ねたときも大人の腰が収まるほどの大雪だった。白化粧の中から墓石の上部だけが顔を覗かせる光景はこの季節ならではのものだ。

私は北海道を訪れるたび、この二つの墓地にできるだけ足を運んだ。

村上国治が実際に眠るさいたま市の霊園を訪ねたのは本書の素稿を書き終えてまもなくのころだった。斎場に問い合わせるとたまたまそこに墓があることが判明し、すぐに向かった。都心から電車を乗り継ぎ一時間少々。区画場所によっては車でないとすぐにたどり着けない広大な土地に、村上国治の墓はあった。墓石には「小林家」の文字とともに、それと並ぶように「村上家」と彫られていた。小さな墓石は、国治が亡くなった翌年暮れ、妻が建てたものだった。私は初めて村上国治にめぐり会えた思いで手を合わせた。

時計の針を一九五二年一月に戻す。札幌で発生したこの事件を巡り、白鳥一雄と村上国治は事件の加害者と被害者の関係になった。

共産主義を取り締まる警察官と、権力と向き合った武装闘争時代の日本共産党員。イデオロギーの対立を除いて虚心坦懐に向かい合い、腹を割って話し合ったら、二人は理解し合える関係になったと私はこれまでの取材で痛感してきた。

白鳥事件は、日本共産党が産声《うぶごえ》をあげてちょうど三〇年たったときに起こされた。戦前、国際共産主義運動の日本支部としてスタートした同党が、自由な活動が許されるようになって七年目の事件だった。

幾重にも人間模様を重ねて実行された日本版の〝赤色テロル〟。朝鮮戦争の一時期、イデオロギーの対立として必然的に生まれた革命の〝あだ花〟だった。

一〇〇年以上におよぶ同党の歴史において、この事件は最大の〝黒歴史〟の一つに位置づけられる。

「村上セイ等之墓」は年末から春まで雪に覆われ、「真実」の文字を見ることはかなわなくなる。

この二文字はもはや今となっては真正《しんせい》なものとはいえない。党派ゆえの〝偽りの言葉〟にすぎなかったからだ。人間でいえば〝古希《こき》〟に当たる歳月が、事件の真相を浮き彫りにしたといえる。

エピローグ　新緑の季節と安倍銃撃事件

七月初旬の北の大地は心地よい。年に数度の北海道出張を繰り返し、この日は一二回におよぶ現地取材の最終日に当たっていた。

ホテルを一一時きっかりにチェックアウトし、レンタカーで旭川空港に向かう。ナビで確認すると四〇キロほどの道のりだったので、三〇分少々で到着するはずだった。

途中、初夏を思わせるまばゆいばかりの田園風景が視界に入る。「富良野《ふらの》まで〇キロ」の標識が目にとまった。北海道に来て心地よさを感じたのは実はそのときが初めてだった。

〈富良野は旭川の衛星都市だから、この時期、（旭川の）ホテルはいっぱいだったのか〉

富良野といえばラベンダー畑で有名だ。うす紫色の美しい花が咲き誇り、全国から鑑賞目的の観光客が訪れる。旭川で二泊する予定がホテルの空きがなかったため一泊分しか確保できず、前日やむなく近郊の古びた旅館に宿をとった。旭川駅前で借りるレンタカーも、常用のトヨタ系では予約できず、初めて使う別会社の店舗にかろうじて一台残っていた。

一一時四〇分、レンタカーを旭川空港店に返却し、用意された小型バスで旭川空港に配送される。大きめのバスながら、乗客は私一人しかいない。

搭乗までの空き時間に昼食を取ろうと空港ビルのフロアに歩みを進める。最奥の店で定食を注文し、椅子に座ろうとした瞬間、そのニュースは突然私のスマホに飛び込んできた。

「遊説中の安倍元首相が撃たれて心肺停止」

第一報と思われるその文字列に、私は思わずのけぞった。

東京行きの便に搭乗する時刻になると、さまざまな情報が錯綜《さくそう》する。元首相は助かるのか、亡くなってしまったのかという肝心なことはわからないままだった。それが明らかになるのは、夫人が現地に到着した夕方近くになってのことだ。

犯行時刻は一一時三〇分すぎだったので、一般人の感覚なら、すでにその時点で安倍晋三元首相は天に召されていた。私が空港に向かっていたタイミングと重なる。北海道の新緑に見とれていた時間帯だった。

「背後から撃たれた」

「二発撃たれて一発が当たった」

搭乗を待つ空港の待合室で映し出されるテレビ映像を見ながら、私は七〇年前のテロ事件と同じ状況が再現されている気がした。白鳥事件との共通点がいくつもあって、不思議に感じられたからだ。何より「テロ」であることで共通していた。

その後明らかになったところでは、異なる点もあった。

白鳥事件は〝組織的な犯行〟だったが、安倍元首相を狙ったのは〝単独犯〟と見られた。

元首相はドクターヘリで病院に運ばれ、最善の蘇生方法が試みられた。銃撃されて死亡したという〝結果〟は同じだったが、往時にそのような緊急対応はなされなかった。元首相はその意味では恵まれていたはずだった。

一九七〇年、作家の三島由紀夫が自衛隊市谷駐屯地で割腹《かっぷく》自殺を図った際、このニュースをどこで聞いたかが往時の人たちの記憶と強く結びついているという話を、私は四〇以上年の離れた文章の恩師から聞かされていた。

その意味では安倍元首相が撃たれたときにどこで何をしていたかという記憶は、今後を生きる私たちの象徴的な意味合いをもつかもしれない。私にとってそれは、白鳥警部射殺事件の最後の現地取材の帰り、空港に向かう途中で目にした美しい新緑の景色とともに刻まれている。

主要参考文献

《白鳥事件関係》
『白鳥事件　偽りの冤罪』　渡部富哉　同時代社　二〇一二年
『亡命者　白鳥警部射殺事件の闇』　後藤篤志　筑摩書房　二〇一三年
『私記　白鳥事件』　大石進　日本評論社　二〇一四年
『白鳥事件』　追平雍嘉　日本週報社　一九五九年
『日本の黒い霧』　松本清張　文藝春秋新社　一九六二年
『小説白鳥事件　第一部～第四部』　山田清三郎　東邦出版社　一九六九～七一年
『白鳥事件研究』　山田清三郎　白石書店　一九七七年
『流されて蜀の国へ』　川口孝夫　自費出版　一九九八年
『白鳥事件』　山田清三郎　新風舎文庫　二〇〇五年
『蒼空に梢つらねて　イールズ闘争六〇周年・安保闘争五〇周年の年に　北大の自由・自治の歴史を考える』
「北大五・一六集会報告集」編集委員会　柏艪舎　二〇一一年
『ARENA（アリーナ）第二一号』　中部大学編　風媒社　二〇一八年
『ARENA（アリーナ）第二三号』　中部大学編　風媒社　二〇二〇年

《村上国治関係》
『ふるさとの母へ　村上国治書簡集』　白鳥事件対策委員会　一九六一年

『ばあちゃん〈村上国治の母〉』　山田清三郎　新日本出版社　一九六三年
『救援運動物語』　難波英夫　日本国民救援会　一九六六年
『戦後北海道農民運動史』　全北海道農民連盟　一九六八年
『壁あつくとも　村上国治獄中詩・書簡集』　白鳥事件中央対策協議会　日本青年出版社　一九六九年
『救援会小史　前編』　日本国民救援会　一九七〇年
『網走獄中記』　村上国治　日本青年出版社　一九七〇年
『村上国治詩集』　村上国治　日本青年出版社　一九七二年
『一社会運動家の回想』　難波英夫　白石書店　一九七四年
『北海道農民組合運動五十年史』　農民組合創立五十周年記念祭北海道実行委員会　一九七四年
『上川の大地に』　東昭吉　日本共産党道北地区委員会　一九七五年
『かたくりの花　平和と民主医療のあゆみ』　藤井敬三　北海道民主医療機関連合会　一九八二年
『比布町史　第二巻』　比布町　一九八五年
『五十嵐久弥さんを偲ぶ』　五十嵐久弥遺稿集出版委員会　一九八六年
『変革への道程』　五十嵐久弥遺稿集出版委員会　一九八六年
『救援美術展協力作家作品集　救援の絆』　日本国民救援会中央本部　一九八七年
『農民とともに半世紀　わが北海道農民運動史』　五十嵐久弥遺稿集出版委員会　一九八九年
『波瀾萬丈　一弁護士の回想』　杉之原舜一　日本評論社　一九九一年
『網走刑務所における共産党の大物　徳田球一と宮本顕治』　山谷一郎　はたもと出版　一九九二年
『国際学園六十年史』　国際学園　一九九四年
『比布町史　第三巻』　比布町　一九九七年

『国治よ 母と姉の心の叫び　謀略白鳥事件とともに生きて』　長岡千代　光陽出版社　一九九七年
『無実の人々とともに　松川救援から国民救援会へ』　齋藤喜作　光陽出版社　二〇〇二年
『大原社会問題研究所雑誌』六五一号所収「一九五〇年前後の北大の学生運動」　中野徹三　二〇一三年

《白鳥一雄関係》

『芽室町五十年史』　芽室町役場　一九五二年
『開校七十周年記念誌』　新十津川町立新十津川小学校　一九六〇年
『柏葉　第六号　十周年記念号』　北海道庁立帯廣中学校柏葉會　一九三三年
『帯広柏葉高等学校五十周年記念誌』　北海道帯広柏葉高等学校　一九七三年
『宮城の郷土史話』　三原良吉　宝文堂　一九七五年
『帯中物語』　東北海道新聞社　一九八三年
『柏葉六十年史』　北海道帯広柏葉高等学校　一九八三年
『柏葉七十年史』　北海道帯広柏葉高等学校　一九九三年
『ああ青春のオベリ魂　帯中～柏葉六〇年の歩み』　十勝毎日新聞社　一九八三年
『旧制中学物語』　札幌市教育委員会文化資料室　北海道新聞社　一九八四年
『柏葉　全日制八〇周年・定時制五〇周年記念誌』　北海道帯広柏葉高等学校　二〇〇三年
『柏葉　全日制九〇周年・定時制六〇周年記念誌』　北海道帯広柏葉高等学校　二〇一三年
『徴兵制』　大江志乃夫　岩波新書　一九八一年
『兵営日記　大戦下の歩兵第二十七連隊』　大内誠　みやま書房　一九八八年
『別冊歴史読本特別増刊 地域別 日本陸軍連隊総覧 歩兵編』　新人物往来社　一九九〇年

『北海道庁警察職員録』（昭和一四年、一五年、一七年） 北海道庁警察部
『北海道警察職員録』（昭和二三〜四七年） 北海警友編集部
『戦後主要左翼事件 回想』 警察庁警備局 一九六八年
『北海道警察史（一）明治・大正編』 北海道警察史編集委員会 北海道警察本部 一九六八年
『北海道警察史（二）昭和編』 北海道警察史編集委員会 北海道警察本部 一九六八年
『北海道警察学校史 風雪百年のあゆみ』 北海道警察学校史編集委員会 一九八七年
『極秘 外事警察概況 昭和一〇〜一七年度』（全八巻） 龍渓書舎 一九八〇年
『私たちの証言 北海道終戦史』 毎日新聞社 一九七四年
『我が七十五年の歩み』 高松高男 一九八七年（非売品）
『哈爾濱学院史 一九二〇〜一九四五』 国立大学哈爾濱学院同窓会 恵雅堂出版 一九八七年
『七〇〇〇名のハルピン脱出』 嘉悦三毅夫 一九七一年（非売品）
『世紀の転進』 山本昇 一九七八年（非売品）
『ソ連軍進攻から復員まで 関東軍防疫給水部（七三一部隊）隊員の記録』和田十郎 一九九五年（非売品）
『満州首都警察廳 想出の記』 池田幸雄責任編集 一九九〇年（非売品）
『海外引揚の研究 忘却された「大日本帝国」』 加藤聖文 岩波書店 二〇二〇年

《日本共産党関係》

『戦後革命論争史 上・下』 上田耕一郎 大月書店 一九五六・五七年
『日本共産黨綱領問題文献集 上・中・下』 政治問題研究會 青木文庫 一九五七年
『日本共産党綱領集』 日本共産党中央委員会宣伝教育部 日本共産党中央委員会出版部 一九五七年

『前衛　臨時増刊』（日本共産党第七回大会特集）一九五八年
『前衛　臨時増刊』（日本共産党第八回大会特集）一九六一年
『日本共産党綱領集』日本共産党中央委員会編　日本共産党中央委員会出版部　一九六二年
『前衛　一月臨時増刊号』一九六八年
『代々木は歴史を偽造する』亀山幸三　経済往来社　一九七六年
『前衛　八月号』一九八三年
『日本共産党の七十年』日本共産党中央委員会　新日本出版社　一九九四年

《北海道関係》

『北海道米軍太平記　黒と赤の日誌』奥田二郎　一九六一年
『北海道戦後秘史　風雪の二〇年』奥田二郎　一九六五年
『証言　北海道戦後史　田中道政とその時代』高橋昭夫　北海道新聞社　一九八二年
『続・証言　北海道戦後史　田中道政とその時代』高橋昭夫　北海道新聞社　一九八三年

《法曹・冤罪関係》

『誤まった裁判』上田誠吉・後藤昌次郎　岩波新書　一九六〇年
『再審』日本弁護士連合会編　日本評論社　一九七七年
『続・再審』日本弁護士連合会編　日本評論社　一九八六年
『血痕　冤罪の軌跡』鎌田慧　文藝春秋　一九七八年
『死刑台からの生還』鎌田慧　立風書房　一九八三年

『死刑台からの生還』　鎌田慧　岩波書店・同時代ライブラリー　一九九〇年
『弘前大学教授夫人殺人事件』　鎌田慧　講談社文庫　一九九〇年
『無実は無罪に　再審事件のすべて』　朝日新聞社編　すずさわ書店　一九八四年
『島田事件』　伊佐千尋　潮出版社　一九八九年
『現代再審・えん罪小史』　竹沢哲夫・山田善二郎編著　イクォリティ　一九九三年
『「無罪」を見抜く　裁判官・木谷明の生き方』　木谷明　岩波書店　二〇一三年
『違法捜査と冤罪　捜査官！　その行為は違法です。』　木谷明　日本評論社　二〇二一年
『再審に新しい風を！　冤罪救済への道』「白鳥決定四〇周年」記念出版編集委員会編　日本評論社　二〇一六年
『生き直す　免田栄という軌跡』　高峰武　弦書房　二〇二二年

＊取材や調査で多くの方々や機関のお世話になりました。すでに物故された方もおられますが、記して御礼に代えさせていただきます（ご迷惑をかける党関係者は割愛します）

今西一／勝野智行／木谷明／白鳥博巳／白鳥守／高安知彦／中野徹三／嶺野侑／渡部富哉
枝幸町立図書館／帯広市立図書館／オホーツクミュージアムえさし／国立国会図書館／札幌市立中央図書館／新十津川町立図書館／北海道帯広柏葉高校／北海道大学文書館／北海道立図書館／松本市立博物館／留萌市立図書館／早稲田大学図書館（以上、五〇音順）

あとがき

いまから数年前、北海道とは正反対の南の島、沖縄県立図書館で戦後まもない時期の『琉球新報』（縮刷版）をひたすら繰《く》る作業をしていたときのことだ。偶然ながら、「白鳥事件」の文字が目に飛び込んできたときはたいそう驚いた。

事件発生から五年ほどすぎたころの記事だったが、北の最果ての事件が、遠く離れた沖縄の新聞で報じられていたことに信じられない思いがした。次のような見出しだった。

「沖縄に偽名入国の疑い　白鳥事件犯人五名を特別手配」（琉球新報夕刊・一九五七年七月一八日付）

一九五七年といえば、村上国治や高安知彦、村手光宏がすでに逮捕され、五月に一審判決が出たばかりのころだ。村上は無期懲役を言い渡され、高安と村手も執行猶予付きながら有罪判決を受けた。

その段階で他の容疑者は潜伏逃走中だったが、このうちのだれかが沖縄出身者である人物と親しかったとされ、「密入国か、日本土建業者にまぎれこんで偽名入国した疑いがある」と記事には書かれていた。

五人の名前も「佐藤博」「宍戸均」「鶴田りん世《ママ》」「大林昇」「門脇まもる《ママ》」と具体的に明記され

ていた。

当時の沖縄は本土復帰していないころで、渡航にはパスポートが必要だった。日本警察の総力をあげた捜査が南の島の沖縄にまで及んでいた事実に、驚愕の念を覚えた。三日後の紙面にも関連記事が掲載されている。

「日曜ストーリー」と題する囲み記事に、「白鳥事件とは？　五年前の赤色テロ」の文字と五人の顔写真が載っていた（鶴田の名はここでは正しく「倫也」と記載されている）。

このころ私は別の取材にかかりきりとなっていたが、次に白鳥事件に取り組むきっかけとなった。

五人が沖縄ではなく、中国に渡っていたことが判明するのは、この記事が出た翌年（一九五八年）のことだ。

それにしても被害者である白鳥一雄の人となりは、これまで捻《ね》じ曲げられて伝えられてきた。日本共産党によって「村上冤罪説」が喧伝され、被害者にすぎなかった白鳥一雄は、庶民を虐《いじ》めた極悪非道な警察官という負のイメージとともに撒《ま》き散らされてきた。その結果、白鳥家の遺族は、被害者でありながら、肩身の狭い思いで暮らしてきた。

事件には加害者と被害者が存在する。白鳥事件では加害者側の視点からの出版物は多かったが、被害者側をまじえた出版物はほとんどなかった。本書がそうした一冊になれば幸いである。

取材を始めて五年を経過した。警察官の使命に殉《じゅん》じた白鳥一雄警部（享年三六）、革命の理想に殉じながら革命に裏切られる運命となった村上国治（享年七一）両氏の墓前に本書を捧げたい。
最後に本書の出版を決断していただいた森下紀夫社長に感謝申し上げます。

二〇二三年一〇月一五日

柳原　滋雄

白鳥一雄・村上国治 略歴

年代	白鳥　一雄	村上　国治
一九一三年		母親の村上セイらが愛媛から北海道に移住
一九一五年	北海道枝幸村乙忠部で出生	
一九二二年	尋常小学校に入学	北海道比布村で出生
一九二八年	新十津川尋常高等小学校を卒業	
一九二九年	帯広中学校に入学	比布尋常高等小学校に入学
一九三四年	帯広中学校を卒業	
一九三五年	北海道庁の巡査となる	同尋常科を卒業、高等科に入学
一九三六年	小樽警察署に勤務	
一九三七年		同高等科を卒業
一九三八年	満州国ハルピン学院に留学	伐採の仕事に従事
一九三九年	歩兵第二七連隊に召集	
一九四〇年	中国広東省で兵役	
一九四一年		東京の無線学校に入学
一九四二年	除隊、北海道警察部に復帰	中国広東省で軍務につく
一九四四年		比布に戻り一年ほど過ごす
一九四五年	ハルピン駐在	新潟県高田の通信航空隊に入隊
	命からがら帰国（九月）	復員帰郷
一九四六年	札幌署勤務、石川キリと入籍	日本共産党に入党
一九四九年	札幌市警・警備課長	日共留萌委員長
一九五一年	妻・キリ死亡、石川敏枝と再婚	日共札幌委員長
一九五二年	白鳥事件で死亡（享年三六）	主謀者として逮捕（一〇月）

一九五七年		一審判決（無期懲役）
一九六〇年		二審判決（懲役二〇年）
一九六三年		最高裁で確定、網走刑務所へ移送
一九六五年		母・村上セイが死去（享年八二）
一九六八年	白鳥家の墓を帯広市に建立	
一九六九年		再審請求（一審）棄却、網走刑務所から仮釈放
一九七一年		村上セイらの墓を比布町に建立 再審請求（二審）棄却
一九七五年		再審請求（最高裁）棄却 日本国民救援会で副会長として勤務
一九七七年		小林邑子と結婚、刑期満了
一九八五年		自転車泥棒で救援会副会長を辞任
一九八八年		佐藤博が中国で死去（享年六四） 宍戸均が中国で死去（享年五九）
一九九四年		大宮市の自宅で焼死（享年七一）
一九九七年		実姉・長岡千代が著書出版
二〇〇二年	妻・白鳥敏枝が死去（享年八〇）	
二〇〇四年		長岡千代死去（享年九〇） 川口孝夫死去（享年八三）
二〇〇七年	弟・白鳥廣が死去（享年九〇）	
二〇一二年		鶴田倫也が中国で死去（享年八三） 高安知彦が小樽商科大学で公開証言 渡部富哉『白鳥事件　偽りの冤罪』
二〇一三年		後藤篤志『亡命者　白鳥警部射殺事件の闇』
二〇二三年		高安知彦が死去（享年九二）

柳原滋雄（やなぎはら・しげお）
1965年福岡県生まれ、佐賀県出身。早稲田大学法学部卒業後、編集プロダクション勤務、『社会新報』記者をへて、フリーのジャーナリスト。政治・社会分野を主な取材対象とする。著書に『カンボジアPKO体験記』『ガラパゴス政党　日本共産党の100年』『沖縄空手への旅　琉球発祥の伝統武術』『疑惑の作家　「門田隆将」と門脇護』『空手は沖縄の魂なり　長嶺将真伝』など。

実録・白鳥事件　――「五一年綱領」に殉じた男たち

2023年12月20日　初版第1刷印刷
2023年12月25日　初版第1刷発行

著　者　柳原滋雄
発行者　森下紀夫
発行所　論 創 社
東京都千代田区神田神保町 2-23　北井ビル
tel. 03（3264）5254　fax. 03（3264）5232　web. http://ronso.co.jp
振替口座　00160-1-155266
装幀／宗利淳一
印刷・製本／中央精版印刷　組版／フレックスアート
ISBN978-4-8460-2355-3　